British Savoury Baking

イギリスの古くて新しいセイボリーベイキング

Galettes and Biscuits　安田真理子

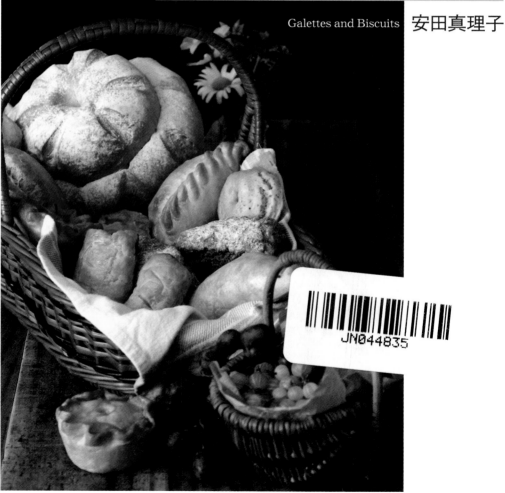

内外出版社

はじめに

ソーセージロールにコーニッシュパスティ、チーズスコーンにチキン＆マッシュルームパイ、ポークパイにキッシュ……。イギリスではケーキやビスケットなどの甘いもののほかに、いかにも美味しそうな顔をしたセイボリー（塩味あるいはお惣菜系）の粉ものを、至るところで目にします。ちょっとお腹が空いたときのスナックに、朝ごはんや軽いランチにはもちろん、ピクニックにも持っていけるし、夕食前のアペタイザーや人が集まるパーティーにも、何かとお役立ちのセイボリーフード。日本でも、イギリスのようにスーパーやベイカリーで気軽に買ってこれたらどんなにいいだろう、そう思う人も多いはず。
でも、なかなかピンとくるものに出会えなかったり、結構お高かったり……。
それならいっそのこと、一度おうちで作ってみませんか？

お菓子よりちょっとハードルが高そう？　大丈夫、ホットケーキがお好み焼きになるくらいの感覚です。
ですから、ものによってはちょっと野菜やお肉を切ったり、そんな作業は増えますが、その分、ハンドミキサーや絞り出し袋といった特別な道具が要らなくなり、気楽になるのは確か。
ケーキが上手に膨らまないと気分がへこんじゃうけれど、お好み焼きが多少薄かろうが、少々焦げようがそれは今日のでき具合、美味しければいいよねと思えるのも、セイボリーベイキングのいいところ。そう、まずは気楽にトライしてみましょう。

イギリスのパン屋さんでは、パンのほかにケーキやビスケット、セイボリーのパイでも、粉をこねてオーブンで焼くものは何でも売っています。だから「ブレッドショップ」ではなく「ベイカリー」と呼ばれます。「Baking」という言葉は、甘いものも塩味のものも区別しない、ひとつの作業。セイボリーだから……なんて、特別に思わないでください。
まずは見た目より、「美味しい！」を目指して作るのが、成功（楽しむため）のカギ。
今日は時間がないと思ったら、市販のパイ生地を利用してもいいし、フィリングだってソーセージやら昨日の残りのカレーを使ってもいい。それはそれで、ある意味イギリスのお母さんたちの臨機応変な日常のベイキングと一緒。

さぁ、まずはパラパラページをめくり、これ食べてみたいかも！　と思えるものを探してみてください。

ここでは、昔ながらの伝統的なイギリスらしいセイボリーベイキングから、世界中の料理とミックスされた今のイギリスが感じられるものまで、幅広く選んでみました。

これがイギリスのベイキング？　と思えるものもあるかもしれませんが、それこそが今のイギリスの食の楽しいところ。

古いものは古いもので大事にしつつも、新しいものもどんどん受け入れる、貪欲なくらいの懐の深さにワクワクしてしまう、イギリスのセイボリーフード。

本書片手に、一緒に楽しんでいただけたら本当に嬉しい限りです。

一日も早く世界中の人たちに、友人と家族と愛する人と、飲み、食べ、笑い、語り合い、手をつなぎ、旅し、共通の時間と空間を心ゆくまで共に過ごし、楽しむことができる日が戻って来ることを願いつつ……。

2021年9月　安田真理子

CONTENTS

Crackers, Bread and more クラッカー・パン&その他

<お役立ちレシピ集>

・大さじ1＝15ml　小さじ1＝5ml

・卵＝Lサイズを使用

・材料とは別に打ち粉（できれば強力粉）を準備しておきましょう。

・レシピ中の加熱時間やオーブンの温度はあくまでも目安です。使用する鍋や型、オーブンの機種など条件によって異なるので様子を見ながら調節してください。

材 料

粉類　日本の薄力粉は、イギリスで一般的にベイキング用に売られている小麦粉より、たんぱく質の含有量が少なめで粒子が細かいため、スコーンなどは全体的に軽い仕上がりになります。イギリスらしいちょっと重めのざっくりした食感にしたいときは、たんぱく質の含有量が多めの国産の薄力粉を使うといいでしょう。ラフパフペストリー（P48）やホットウォータークラストペストリー（P50）に関しては、強力粉をプラスし、コシの強さを補います（薄力粉と強力粉は半分ずつくらいが適当です）。ペストリーやソーダブレッドなど、一部全粒粉に置き換えても美味しくなりますが、全粒粉の割合が多いとまとまりにくく、脆くなるので 1/3 量くらいまでにとどめておくのが無難です。また、強力粉や全粒粉を使うと吸水性が増すので、水分を適宜調整しましょう。

とはいえ、セイボリーベイキングはふわふわのスポンジケーキを作るわけではありませんから、ケーキ作りほど気を遣わなくとも大丈夫。

油脂　バターは無塩バターを使います。メーカーによってその水分量が違うので、ペストリーを作る際など、加える水分の量は様子を見ながら適宜調整しましょう。

昔からイギリスの家庭では、ラード（豚の脂）やスエット（P53 参照）、ドリッピング（肉をローストする際に落ちる脂）など様々な油脂を利用してきました。ラードは「純製ラード」、ショートニングは「トランスファットフリー」と表示されているものを使いましょう。

植物油はヒマワリ油や菜種油など、香りにクセのないものがおすすめです。

スエット

膨張剤　一般的に、ソーダブレッドには重曹（ベーキングソーダ）、スコーンにはベーキングパウダーを使います。ベーキングパウダーは、重曹に酸性剤と遮断剤を加えたもの。重曹独特の匂いや色づき、苦みが抑えられています。それでも、入れすぎると苦くなるので気をつけてください。また、重曹はベーキングパウダーの倍程度の膨張力があるため、入れすぎないように注意しましょう。酸性のバターミルクやヨーグルトなどを加えることで炭酸ガスの発生を促し、苦みを抑える効果があります。

乳製品　バターや牛乳・生クリーム以外に、イギリスのセイボリーベイキングでよく使われるのが、バターミルクとクレームフレッシュ。

バターミルクは元々はバターを作ったあとの残りの乳で、イギリスのものは乳酸発酵しており、薄いヨーグルトのような濃度と風味です。クレームフレッシュは乳酸発酵させた生クリーム。サワークリームより柔らかく、穏やかな酸味です。イギリスでは生クリーム代わりにキッシュなどに使うほか、ソースやサラダなどにも使います。

バターミルク、クレームフレッシュ共に日本では中沢乳業さんの「レ・リボ」（発酵バターミルク）、「クレームフレーシュ」という製品でそれぞれ、イギリスとほぼ同じ味が楽しめます。

左：クレームフレーシュ　右：レ・リボ

手に入らないときは、バターミルクはプレーンヨーグルト：水＝２：１、クレーム
フレッシュはサワークリーム：生クリーム＝１：１の割合で合わせると、近い風味
になります。

チーズ

乳製品に恵まれた国イギリス、各地方ごとにそれぞれ特徴の
あるチーズを楽しむことができます。700種以上はあるとい
われているイギリスのチーズ、消費量の半分を占めるのが
チェダーチーズです。日本で見かけるのはオレンジ色のも
のが多いですが、イギリスのものはほとんどが薄い黄色で、
若く柔らかいものから、熟成して固く脆くナッツのような
風味になったものまで並びます。
セイボリーベイキングでは、スティルトン（ブルーチー
ズ）などのようにアクセント的に使う以外では、クセの
少ないチェダーが、生地やフィリングによく使われま
す。手に入らない場合は、ハード系・セミハード系で
あればお好きなナチュラルチーズを使っていただいて
かまいません。
レシピ中で、「チーズをおろす」となっているときは、
チーズおろしなどでピザ用チーズのようにシュレッ
ド状にすることを意味しています（ただしパルミジャーノなど
の硬質チーズは粉状になります）。

チェダーチーズ

ハーブ

イギリス料理にハーブは欠かせません。肉の臭みを消して、野菜の風味を盛り上げ、
チーズとは相乗効果でうまみをUP、使わない手はありません。主にフレッシュ
ハーブ（生）を使います。近頃はスーパーでもだいぶ手に入りやすくなりましたが、
鉢植えやプランターでも簡単に栽培できるので、スペースがあれば育ててみるのも
楽しいもの。
生のハーブの香りは、ドライとは段違い。余ってしまったらラップに包んで冷凍し
ておけば、次回は凍ったまま刻んで生地に入れたり、調理に使えます（解凍せずに
使いましょう）。
よく使うのはタイムとパセリ、お次がミントにチャイブ、ローズマリー。そしてセー
ジとディル。
ドライのミックスハーブ「エルブドプロヴァンス」は、どんな素材とも相性がいい
ので便利です。

フレークソルト

塩

生地やフィリングの調味に使うのは普段お使いの塩でか
まいませんが、仕上げにふりかけて使うものは「フレーク
ソルト」がおすすめです。シーソルト、クリスタルソルト
とも呼ばれる結晶の大きなサクサクした塩で、イギリス
の「Maldon（マルドン）」のものは日本でも手に入るので、
ぜひお試しを。

ウースターソース	イギリスのウースターシャーで作られている「リーペリンソース」は日本のものより辛みがあり、少量でしっかりしまった味付けができます。手に入らないときは日本のウスターソースで代用を。

マスタード
パウダー　イギリスでは1814年創業のコールマン社のものが有名。セイボリーベイキングではチーズを使った料理の隠し味などに使うことが多いです。日本の粉からしでもかまいません。コンパクトなので、イギリス旅行の際は小さなお土産として買ってくるのもおすすめです。

左から、マスタードパウダー、マーマイト、リーペリンソース

マーマイト　ビールを作る際に残る、ビール酵母を利用して作られるペースト。主にトーストに塗って食べる、イギリス特有の食品です。塩分が強いので少量使うのがポイント。

ストック　パイのフィリングを煮込むときや、ポークパイのジェリー作りなどに登場しています。市販のストックキューブをお湯で溶いて使ってください。もちろん、手作りのチキンストックなどがあるならそれに越したことはありませんが……。

チャツネ　野菜や果物に、酢と砂糖とスパイスを加えて煮込んだジャム状の保存食品。ハムやチーズなどに添えて食べます（P30 参照）。

野菜　本書に登場する野菜の中で、まだ日本で目新しいものというと、ビーツにリークでしょうか。
イギリスでは生のビーツも売っていますが、水煮を真空パックにしたものが手軽で人気です。日本でも近頃は、スーパーの野菜売り場でこれと同じものが売られるようになってきて嬉しい限り。本書ではビーツのタルトタタン（P86）と、ビーツフムス（P142）で使用しています。
生のビーツを使う際は皮のまま丸ごと竹串が通るまで茹で、茹で汁のまま冷ましておくと、皮がつるりと剥けます。水煮の缶詰は味が薄いのでおすすめしません。
リークは「ポロネギ」または「ポワロー」とも呼ばれる、冬に出回る太くて甘いネギの一種。手に入らないときは、多少味は変わるものの、下仁田ネギなどの太いネギでも代用できます。

ビーツ

道具

オーブン庫内温度計

オーブンに入れて温度を確かめられる温度計。パイやスコーンを美味しく焼くためには、生地作りもさることながら、それと同じくらいオーブンが適切な温度になっていることが大事。オーブンの表示を鵜呑みにせずに、時々目で確かめることも大切です。

グリドル／パイファネル

本書ではグリドルスコーン（P34）、イングリッシュマフィン（P132）で使用してします。イギリスの伝統的な調理器具で、直火に直接かけて使えるように作られた鉄板です。もちろん、厚手のフライパンでもかまいません。
パイファネルは、陶器製のパイ用の蒸気抜き煙突。特に水分の多いフィリングの場合、蒸気が多く発生してペストリーが膨らんでひびが入ったり、逆に落ちて生焼けになってしまうのを防ぐ役割があります。
焼く前にペストリーにナイフで空気穴をあけるだけでも蒸気抜きの効果は得られますが、パイから覗くその愛嬌ある姿には、思わず見る人を笑顔にする効果も（P74使用）。グリドルもパイファネルも、なくてもいいけれどあったら嬉しい、イギリスらしいアイテムです。

パイ皿／耐熱容器

金属製・陶器製・耐熱ガラス製・アルミ製の使い捨てのもの、どれでもかまいません。ただし底生地のあるものは、熱伝導が良く底がきれいに焼けるので、金属製あるいは使い捨てのものがおすすめです。
そのまま食卓に出したいときは陶器製や耐熱ガラス製が、ピクニックや手土産などには使い捨てかホウロウ製がおすすめ。イギリスの市販のパイは、よくこのアルミの使い捨て容器に入れられています。

木のスプーン／テーブルナイフ

なんでも身近なもので済ませるのがイギリス流。日本ならゴムベラやパレットナイフ、ホイッパーなどを使うところも、全部木のスプーンとテーブルナイフで済ませてしまいます。
テーブルナイフは、カトラリーナイフやディナーナイフとも呼ばれる、先の鋭くないナイフのこと。もちろんゴムベラのほうが便利な場合もありますが、スコーンやペストリー作りで水分を入れていく作業は、慣れるとテーブルナイフのほうが上手に切り混ぜることができるので向いています。

タルト型／マフィン型

主に金属製で、円形・長方形がありサイズは大小様々。本書では直径21cmのタルト型を多く使います。メーカーにより深さが色々ですが、フィリングにボリュームがある場合は深さのあるものを、味がしっかりしていたり少量でよいフィリングの場合は浅いものを、使い分けるといいでしょう。ひっくり返して取り出せないものが多いので、底の抜けるタイプで。小さなタルトにはバンティンとも呼ばれる、タルトレット天板がおすすめです。金属製のマフィン型は小さなポークパイに、ミニマフィン型はミニヨークシャープディングに使用しています。

Soda bread & Scones

ソーダブレッド & スコーン

今日はパンが食べたい気分だけれど、買いに行くのも面倒だし
……。そんなときにうってつけなのが、ソーダブレッドやセイボ
リーのスコーン。

ソーダブレッドは重曹（ベーキングソーダ）で、スコーンはベー
キングパウダーで膨らませるので、イースト要らずの手間いらず。
生地作りは慣れてしまえばものの10分から15分、あとはオーブ
ンに入れてお茶やサラダの準備でもしているうちに、あらキッチ
ンにはもういい香りが！

朝食やおやつに、お友達との簡単なランチやピクニックに、残り
はチーズやディップを添えて。冷えた白ワインのお供にも使える、
とにかくお手軽かつ、お役立ちメニューを集めてみました。

Irish soda bread
〜アイリッシュソーダブレッド〜

Baking soda（重曹）を使って膨らませる「ソーダブレッド」は、イーストを使わないクイックブレッド（即席パン）。特にアイルランドやスコットランドに多く見られます。ここでご紹介するのは、アイリッシュソーダブレッドと呼ばれる、基本のソーダブレッド。バターは入ってもほんの少量、バターミルク（P6 参照）でまとめるのが特徴です。酸性のバターミルクは、重曹のガスの生成を促してソーダブレッドを膨らませ、グルテンの力を弱めて、ソフトで歯切れの良い食感を作り出します。

焼き立て直後は蒸気が抜けきれておらずカットも難しいので、粗熱がほどよく取れたころが食べ頃です。ほんのり温かい大きなソーダブレッドに、たっぷりのバターを塗って朝食に、残りは夜にチーズやハムを添えて、翌日は軽くトーストしても美味しくいただけますよ。

Ingredients

1個分

A｜ 薄力粉…450g
　　重曹…小さじ1
　　塩…小さじ1

無塩バター…25g
バターミルク（P6 参照）…350 〜 400ml

Preparation

オーブン予熱190℃
天板にオーブンペーパーを敷く

Variation

薄力粉のうち1/3量ほどを全粒粉に代えれば「ブラウンソーダブレッド」になります。

Recipe

1　Aを合わせてボールにふるい入れ、バターを加えます。指先をこすり合わせるようにして粉の中でバターをすりつぶし、サラサラのパン粉状にします。

2　バターミルクを加え、ゴムベラで粉っぽさがなくなるまで混ぜます。

3　打ち粉をふった台に取り出し、べたつくようなら更に打ち粉をしながら、厚さ4cm直径18cmくらいの円形にまとめます。天板に移し、ナイフやカードで十字に深い切込みを入れます。190℃のオーブンで40分ほど焼きます。底を叩いて軽い音がすれば焼き上がり。

Tips

必要な水分量は、粉の種類や状態によって変わってくるので、加減してください。少々べたつくくらいのほうが、しっとり美味しく焼き上がります。打ち粉を多めにふって、ラフに形をまとめましょう。

Seeded soda bread

～シード入りソーダブレッド～

イギリスに住んでいたころ、お母さんがアイルランド出身だという友人に教わったソーダブレッド。

ソーダブレッドというと、「焼き立ては美味しいけれど、翌日はね〜」なんてイメージを持っていたのですが、これを知ってからガラリと印象が変わりました。水分多めの柔らかい生地を型に入れて焼くタイプで、翌日でもしっとり美味しくいただけます。
全粒粉とたっぷりのシードがいかにも体によさそうなソーダブレッドは、スープにもぴったり。
スパイス香るキャロットとレンティルの温かなスープを添えて、ランチにどうぞ。

スパイスキャロット＆レンティルスープ：レシピ P140

Ingredients

20×8×高さ6cm パウンド型1台分

A｜ 全粒粉…100g
　　薄力粉…125g
　　重曹…小さじ1/2
　　グラニュー糖…小さじ1
　　塩…小さじ1/2

無塩バター…15g
ミックスシード＊…大さじ3
バターミルク（P6参照）…250ml

トッピング用

ミックスシード＊…適量

＊パンプキンシード・サンフラワーシード・リンシード・ゴマ・ポピーシード・キャラウェイシードなど、好みのものをミックスして使いましょう。

Preparation

オーブン予熱190℃
型にオーブンペーパーを敷く

Recipe

1 Aを合わせてボールにふるい入れ、バターを加えます。指先をこすり合わせるようにして粉の中でバターをすりつぶし、サラサラのパン粉状にします。

2 ミックスシードを加えて軽く混ぜたら、バターミルクも加えてゴムベラで粉っぽさがなくなるまで混ぜます。

3 型に入れてならし、トッピング用のミックスシードを上に散らします。
190℃のオーブンで35 〜 40分ほど焼きます。

Stout soda bread

～スタウトソーダブレッド～

ス タウトとはアイルランドで人気の、有名な黒ビールの一種。ギネスビールがその代表格で、大麦を焙煎した香ばしい香りと苦みが特徴です。

このビールで作ると、焼いたあともほのかにそのコクと苦みが残る、大人っぽい味のソーダブレッドに。ハムやパテ、チーズなどと合わせて食べるのにもピッタリです。小さく焼いてカットすれば、ちょっとしたオードブルにも使えて便利ですよ。 写真ではグリンピースとミントのフムスを添えています。

グリンピース＆ミントフムス：レシピ P140

Ingredients

11×6×高さ5cmミニパウンド型 3台分

A | 全粒粉…200g
薄力粉…100g
重曹…小さじ3/4
きび砂糖…小さじ2
塩…小さじ1/2

スタウトビール（ギネスなど）…150ml
プレーンヨーグルト…80g

Recipe

1 Aを全て合わせてボールにふるい入れます。

2 ビールとヨーグルトを混ぜ合わせて、①のボールに加え、ゴムベラで粉が見えなくなるまで混ぜ合わせます。

3 準備した型に分け入れて平らにならし、190℃のオーブンで25分ほど焼きます。

Preparation

オーブン予熱190℃
型にオーブンペーパーを敷く

Oat soda bread

～オーツソーダブレッド～

オーツ（オートミール）を粉状にしてたっぷり加えるソーダブレッド。前の晩からバターミルクに浸しておいたオーツがしっかり水分を吸ってくれているおかげで、焼き上がってからもしっとり感が続きます。そのうえ、ビタミンと食物繊維もたっぷり。

お天気のいい週末、ヘルシーなソーダブレッドを持って、たまにはブランチピクニックなんていかがでしょう。ゆで卵にオレンジジュース、それとバターは忘れずに。爽やかな空気と美味しいソーダブレッド、最高のリフレッシュになるはずです。

Ingredients

1個分

オートミール…150g

A｜ バターミルク（P6参照）… 200ml
　｜ 牛乳 …120ml

B｜ 薄力粉…190g
　｜ 重曹…小さじ1
　｜ 塩…小さじ1/2

トッピング用
オートミール…適量

Recipe

1 オートミールをフードプロセッサーで細かく挽いて、ボールに移します。ここにAを加えて混ぜ、ラップなどで蓋をして一晩冷蔵庫で寝かせます。

2 翌日、Bを合わせて①のボールにふるい入れ、最初はゴムベラで、次に粉っぽさがなくなるまで手で軽くこねてまとめます。

3 べたつくときは打ち粉を使って丸く形を整え、天板に移します。生地の表面にトッピング用のオートミールをのせて、厚みが4cmくらいになるよう上から手で押さえたら、ナイフやカードで十字に深く切り込みを入れます。
190℃のオーブンで40分ほど焼きます。割れ目までしっかり色づいたら焼き上がり。

Preparation

オーブン予熱190℃
天板にオーブンペーパーを敷く

Treacle & walnut soda bread rolls
～トリークル＆ウォルナッツソーダブレッドロール～

ふだんは大きく焼くことの多いソーダブレッド、たまに小さく焼いてみるとなんだかとても新鮮です。

ブラックトリークル（モラセス）のほんのりとした甘みに、くるみのアクセント。シンプルにバターだけでも十分に美味しいのですが、ここに塩気のあるスモークサーモンを合わせると最高の美味しさ。ケイパーやピクルスなどを添えたら、他にはもう何もいりません、冷えた白ワイン以外は……。

Ingredients

9個分

A | 全粒粉…150g
　 | 薄力粉…150g
　 | 重曹…小さじ1/2
　 | 塩…小さじ1/3

くるみ…40g（粗刻み）
ブラックトリークル（またはモラセス）＊
…大さじ1
お湯…大さじ1
バターミルク（P6参照）…200ml

＊黒褐色のイギリスの糖蜜の一種。通常は「モラセス」として売られているもので代用しますが、ここではごく少量なので黒蜜でもOK。

Preparation

オーブン予熱190℃
天板にオーブンペーパーを敷く

Variation

生ハムと合わせたいときは、くるみをドライイチジクやデーツに代えても美味しいです。

Recipe

1 Aを合わせてボールにふるい入れ、くるみも加えます。

2 ブラックトリークル（モラセス）をお湯で溶いてのばし、バターミルクに加えて混ぜ合わせます。これを様子を見ながら①に加え、ゴムベラで粉っぽいところがなくなるまで混ぜ合わせます。

3 打ち粉をしながら②の生地を9等分して丸め、天板の中央にほんの少し隙間をあけながら3列に並べます。
強力粉（分量外）を表面にふって190℃のオーブンで20分ほど焼きます。

Tips

スープに添えて、あるいは横半分にスライスしてからバターをたっぷり塗って、スモークサーモンやハムなどをのせて食べるのもおすすめです。

Herb & cheese scones

～ハーブ&チーズスコーン～

作り手の数以上にバリエーションがありそうな、イギリスのチーズスコーン。これはまるでチーズのマグマが流れ出てきたような姿に焼き上がる変わり種です。秘密は、焼く前に生地に押し込む棒状のチーズ。見た目に反して、ドライハーブ入りの生地はさっぱりと飽きない美味しさです。インパクトがあるのでお土産にも喜ばれます。おうちなら、焼き立てにチャツネ（P30）を添えて食べると最高ですよ。

Ingredients

直径5.5cmの丸型8個分

A | 薄力粉…240g
ベーキングパウダー…小さじ2
塩…小さじ1/3

エルブドプロヴァンス*（または好みのドライハーブ）…小さじ2～3
無塩バター…70g
バターミルク（P6参照）…120ml
チェダーチーズ（または好みのナチュラルチーズ）ブロック…約80g

卵（仕上げ用）…適量

*タイム・セージ・ローズマリーなどのミックスドライハーブ。一種のハーブより優しい香りになるので、スコーンやペストリーはじめ、肉や魚料理にも使いやすくおすすめです。

Recipe

1 Aを合わせてボールにふるい入れ、バターを加えます。指先をこすり合わせるようにして粉の中でバターの粒を小さくしていき、全体をサラサラのパン粉状にします。ハーブも合わせます。

2 バターミルクをまわし入れ、テーブルナイフまたはゴムベラでざっと混ぜてひとかたまりにします。次に生地を軽くこぶしでつぶして、カードで半分に切って上に重ねる、という作業を2回繰り返したら生地は完成（または数回優しく練ってまとめるだけでもかまいません）。

3 打ち粉をふった台に取り出し、厚さ2.5cm程度にめん棒で伸ばします。粉をはたいた型で抜いて天板に並べ、好みで溶きほぐした卵を周囲にたらさないように表面にぬります。
チーズを1.5×1.5×長さ3cm程度の棒状にカットし、生地の中央に上からぎゅっと押し込みます。

4 オーブンの温度を190℃に下げて15分ほど焼きます。オーブンから出したら1～2分置いて、とろ～り溶け出したチーズが落ち着いてから動かしましょう。

Preparation

オーブン予熱210℃
天板にオーブンペーパーを敷く
バターは1cm角にカットし冷蔵庫で冷やす

Ploughman's scones

~プラウマンズスコーン~

ギリスパブの定番に、パンにチーズ、セロリやりんご、チャツネなどがワンプレートに盛られた、プラウマンズランチ(農夫風ランチ)と呼ばれるものがありますが、これはそんなイメージ。ひと口頬張るごとにチーズやりんご、くるみの風味が広がる、楽しいスコーンです。バターだけでも美味しいですが、イギリス風にマチュアチェダー(熟成の進んだ脆いチェダーチーズ)とりんご、そしてチャツネを添えて食べれば、気分はイギリスのパブ。もちろんビールにもピッタリです。

洋梨とりんごのチャツネ：レシピ P31

Ingredients

6個分

A | 薄力粉…225g
　 | ベーキングパウダー…小さじ2½
　 | 塩…小さじ1/3
　 | マスタードパウダー…小さじ1/2(好みで)

無塩バター…50g

B | チェダーチーズ…85g(おろしたもの)
　 | りんご…正味120g(1cm弱の角切り)
　 | くるみ…40g(粗刻み)

牛乳…120ml

トッピング用
チェダーチーズ(おろしたもの)…30g
牛乳…少々

Preparation

オーブン予熱200℃
天板にオーブンペーパーを敷く
バターは1cm角にカットし冷蔵庫で冷やす

Recipe

1 Aを合わせてボールにふるい入れ、バターを加えます。指先をこすり合わせるようにして粉の中でバターの粒を小さくしていき、全体をサラサラのパン粉状にします。

2 Bを加えてざっと混ぜ合わせ、牛乳を回し入れてテーブルナイフまたはゴムベラでざっと混ぜてひとかたまりにします。

3 打ち粉をふった台に取り出し、直径16cm厚さ3cm程度の円形になるようにまとめます。ナイフで放射線状に6等分にカットし、天板に移します。トッピング用の牛乳少々をハケで表面に塗り、チーズを上に散らします。

4 200℃のオーブンで約20分、こんがり焼き色がつくまで焼きます。

Tips

チェダーがないときは、お好みのチーズで。

チャツネ

「チャツネってマンゴーチャツネのこと？」これが多くの日本人の反応。私も然り、イギリスに行く前は、「カレーに入れる甘いジャムみたいなものよね」という認識しかありませんでした。

　それがイギリスに住むことになって1か月ほど経ったある日のこと、お邪魔したイギリス人のお宅での帰り際、「これ持って行きなさい」とおばあさんが渡してくれたのが、何やら茶色いものの入ったガラスの瓶。聞くと手作りの「チャットニー」だといいます。「どうやって食べるの？」と聞くと、「ハムやチーズにつけるのよ」と教えてくれました。日本にはないと伝えると「じゃあ日本人はハムに何をつけて食べるのよ？」といたく驚かれたのが、今でも忘れられません。「え〜っと、マヨネーズかな」と一応答えましたけれど。

　それからイギリスに暮らすことしばし、改めて見回してみるとイギリスのスーパーに行ってもマーケットに行っても、そのチャットニーと呼ばれるものの多いこと！　とにかく種類が豊富なのです。それがチャツネと分かってからは、どっぷりはまりました。マーケットで見たことのない組み合わせのチャツネがあると、片っ端から試しては組み合わせの妙に感動。甘くて酸っぱくて、時には辛くって、塩分はそれほどなく、いわば固形のソース。りんごにプラム、トマトにビーツ、ルバーブに茄子などなど。玉ねぎだけのものは、その姿からオニオンマーマレードと呼ばれます。それらをチーズやハムなどに合わせると、ほかの調味料のように余分に塩分が加わることなく、甘みと酸味とスパイスとで味が何倍にも深くなるのです。

　もちろんマンゴーチャツネもあり、イギリス人も大好き。イギリスのチャツネはインドにルーツがあります。インド統治時代、カレーやチャツネに親しんだイギリス人が自国で作ろうとしたものの、イギリスにマンゴーはありません。そこで、豊富にあるりんごやナシや野菜で作り始めたのが、今のイギリス独自のチャツネの始まり。次第にジャム同様、シーズンに採れすぎてしまう野菜や果物の保存を兼ねるようになり、今のスタイルになったそうです。

　店頭にも、屋外のストールにも溢れるほどに並ぶイギリスのチャツネ。どれもひどく魅力的ですが、今も手作り好きな人たちはおうちでチャツネを煮ます。庭に食べきれないほどなる酸っぱいりんごやプラム、ルバーブなどで作っておけばその年一年美味しいチャツネが楽しめますし、クリスマスのプレゼントにも手作りのチャツネは喜ばれますから。作ってすぐのチャツネは、酸っぱさと甘さとスパイスとそれぞれが主張したとがった味わいなのが、瓶に詰めてじっと待つこと1か月、ぐんと馴染み、それらが美味しくひとつに溶け合います。

　本書では、チーズのスコーン（P24）に添えたり、タルトのアクセント（P79）として登場しています。まだまだ日本では手に入りづらいチャツネ。ぜひ一度作ってみてはいかがでしょう。難しいことは何もありません。コツは終盤、焦げつかないようにかき混ぜ続けながら水分を飛ばすこと。余計な水分は日持ちに影響しますから。クリスプブレッド（P112）やオーツケーキ（P117）に、チーズとチャツネを合わせても幸せですよ。

【洋梨とりんごのチャツネ】

1種類だけ作るなら、まずは絶対これ！
どんな食材にも合わせやすいチャツネです。

1 オレンジ1個の皮をおろし果汁を絞ってボールに
入れ、サルタナ150gを漬けておきます。

2 洋梨とりんご合わせて正味1.4kg・玉ねぎ大1個を1cm角にカットして、りんご酢
450mlと共に大きな鍋に入れ、中火で40分ほどフルーツ類が柔らかくなるまで煮ます。
ブラウンシュガー300g、オールスパイス・コリアンダーパウダー・シナモン・ジンジャー
パウダー各小さじ1/2と塩小さじ1を加えてさらに40〜60分ほど、ほぼ液体がなくなる
まで煮詰めます。終盤は焦げつかないよう常に混ぜながら加熱します。

3 空焼きして刻んだくるみ60gを加えて火を止め、熱いうちに煮沸消
毒した瓶に詰めます（金属製の蓋の場合はオーブンペーパーを丸く
カットしたものをチャツネの表面にピッタリと貼り付けてから蓋をする
と安心です）。1ヵ月ほど熟成させると味が馴染んで美味しくなりま
す。未開封なら冷暗所で約1年保存可能。

＊洋梨が手に入らないときはりんごだけでも作れ
ます。
＊洋梨はできるだけ熟れすぎていない固いものを
使いましょう。
＊チャツネのスパイスは、全部揃わなくとも大丈
夫。お好みのものをお使いください。

【ビーツ＆オレンジチャツネ】

ビーツ生 1kg・玉ねぎ大2個・りんご500g（全て皮をむき1cm角）
オレンジ表皮をおろしたもの・果汁各2個分
きび砂糖 400g・赤ワインビネガー 500ml
コリアンダーパウダー・オールスパイス・ジンジャーパウダー・塩 各小さじ1

【スパイシールバーブチャツネ】

ルバーブ600g（ざく切り）・玉ねぎ大2個（1cm角）・サルタナ100g・生姜1片（みじん切り）
ブラウンシュガー 350g・りんご酢350ml
ジンジャーパウダー・オールスパイス・塩 各小さじ1
カイエンペッパー・こしょう 各小さじ1/2

共に、全てを鍋に入れて中火で野菜が柔らかくなり、全体の水分がなくなるまで煮ます。
熱いうちに煮沸消毒した瓶に入れて冷暗所に保存します。1か月後からが食べ頃。未
開封なら冷暗所で約1年保存可能。

Red onion and sage scones

〜レッドオニオン&セージスコーン〜

玉ねぎとセージといえば、イギリスでは切っても切れない組み合わせ。昔からロースト料理のスタッフィング（詰め物や添え物）の大定番のフレイバーです。セージはソーセージをはじめとする挽肉料理や、りんごやポークに合わせたりと、イギリスでは欠かせないハーブ。ここでは、そんなセージをスコーンにしました。あえてチーズは省き、セージの風味を楽しみます。セージとバターの相性の良さも皆の知るところ、ぜひバターをたっぷり塗って召し上がってみてください。またカボチャのスープやキャロットスープなど、ポタージュ系のスープに合わせるのもおすすめです。

Ingredients

9個分

A｜ 薄力粉…240g
　｜ ベーキングパウダー…小さじ2½
　｜ 塩…小さじ1/3

無塩バター…70g

B｜ 卵…1個
　｜ 牛乳…卵と合わせて120mlになる分量

紫玉ねぎ…正味 200g（1cm弱角切り）
オリーブオイル…大さじ1

C｜ グラニュー糖・塩…各小さじ1/4
　｜ 酢…小さじ1
　｜ 黒こしょう…少々

セージ…10枚（みじん切り）

トッピング用

セージ（お好みで）… 9枚

Preparation

オーブン予熱210℃
天板にオーブンペーパーを敷く
バターは1cm角にカットし冷蔵庫で冷やす

Recipe

1 玉ねぎをオリーブオイルで透明になるまで5分ほどソテーします。Cを加えてさらに1〜2分炒めて冷ましておきます。

2 Aを合わせてボールにふるい入れ、バターを加えて、指先をこすり合わせるようにして粉の中でバターの粒を小さくしていき、全体をサラサラのパン粉状にします。セージと①も加えてざっと混ぜ合わせます。

3 Bの卵液をまずは100mlほどまわし入れ、テーブルナイフまたはゴムベラで混ぜてひとかたまりにします（水分が足りないときは残りの卵液を加えます）。

4 打ち粉をふった台に取り出し、15cm角正方形にまとめます。ナイフで9等分にカットし、天板に移します。Bの残りの卵液、または牛乳を表面に塗り、好みでセージを貼りつけます。

5 オーブンの温度を190℃に下げ、約17分こんがり焼き色がつくまで焼きます。

Tips

紫玉ねぎがなければ、普通の玉ねぎでも美味しくできます。

Griddle scones

～グリドルスコーン～

グリドルとは、ウェールズやスコットランドで古くから使われてきた調理道具。直火にかけて、フライパンのように使います。今ではあまり見かけなくなってしまいましたが、オーブンが各家庭に普及する前は、スコーンやパンもグリドルを使って焼かれていました。

いつものスコーンと同じように作った生地をフライパンで焼くだけで、こんなにも雰囲気が変わります。スープやサラダを添えてお友達との軽いランチに、またビーフシチューやトマトを使った煮込み料理などに合わせるのもおすすめです。

Ingredients

6個分

A | 薄力粉…225g
　 | ベーキングパウダー…小さじ2
　 | 塩…小さじ1/3

無塩バター…30g
牛乳…100 〜 120ml

Preparation

バターは1cm角にカットし冷蔵庫で冷やす

Variation

写真はチャイブとチーズを加えたもの。②の牛乳を加える前に、好みのチーズ80g（おろしたもの）とチャイブの小口切り大さじ2 〜 3、お好みでカイエンペッパーひとつまみを加えます。

チャイブの代わりにパセリなどでも、あるいはチーズだけでも美味しいですよ。

Recipe

1 Aを合わせてボールにふるい入れます。バターを加え、指先をこすり合わせるようにして粉の中でバターをすりつぶし、サラサラのパン粉状にします。

2 牛乳を加え、テーブルナイフまたはゴムベラでざっと混ぜて、生地をひとつにまとめます。
打ち粉をふった台に取り出し、直径18cmくらいの円形に伸ばします。放射線状に6等分にカットします。

3 熱したグリドル（またはフライパン）にのせて中火で20分ほど焼きます。途中焼き目がついたらひっくり返し、最後に側面も焼くようにします。
バターをたっぷり塗って召し上がれ。

Cheese & olive scone

〜チーズ&オリーブスコーン〜

オリーブとチーズという、間違いのない組み合わせ。ここではグリーンオリーブを使いましたが、ブラックオリーブでもスタッフィング入りでも、お好きなオリーブでお試しください。焼く前に入れた切込みに沿って、手でちぎって食べるラフなスタイル。ピクニックやお庭で食べるのにもおすすめです。

添えたのは、イギリスの夏の定番サラダできゅうりをクレームフレッシュとディルで和えたもの。きゅうりの爽やかさがチーズやオリーブ入りのスコーンととてもよく合うので、ぜひお試しを。

きゅうりとハーブのサラダ：レシピ P141

Ingredients

17×27cm長方形型1台分

A | 薄力粉…300g
　 | ベーキングパウダー…大さじ1
　 | 塩…小さじ2/3

無塩バター…60g
チェダーチーズ …100 〜 120g（おろしたもの）
オリーブ…80g（粗刻み）

B | 卵…1個
　 | 牛乳…卵と合わせて180mlになる分量

トッピング用
チェダーチーズ・牛乳…適量

Recipe

1 Aを合わせてボールにふるい入れ、バターを加えます。指先をこすり合わせるようにして粉の中でバターの粒を小さくしていき、全体をサラサラのパン粉状にします。チーズとオリーブも加えます。

2 Bをよく混ぜ合わせてから①に回し入れ、水分を全体に散らすように、テーブルナイフまたはゴムベラでざっと混ぜてひとかたまりにします。

3 打ち粉をふった台に生地を取り出し、軽く練り、めん棒または手で型のサイズになるよう伸ばします。型に移し、カードなどを使って、12等分になるよう切込みを底までいれます。トッピング用の牛乳をハケで表面に塗り、チーズを散らします。200℃のオーブンで25分ほどこんがり焼いて完成。切り込みに添ってちぎって召し上がれ。

Preparation

オーブン予熱200℃
型にオーブンペーパーを敷く
バターは1cm角にカットし冷蔵庫で冷やす

Tips

型がない場合は、長方形にまとめた生地をオーブンペーパーを敷いた天板に直接のせて焼いてもかまいません。

Marmite scones

～マーマイトスコーン～

悪 名高いマーマイト、その見た目と良からぬ噂から、食べずに敬遠している人も多いはず。でも実は日本人にとっては馴染みのある、味噌や醤油に通ずる発酵食品の香りと味なのです。ただしそれらと同様に塩気が相当強いので、とにかく塗りすぎないのが美味しく食べるコツ。このスコーンは、チーズと合わせることでマイルドに、より食べやすくなっています。
あるときイギリスのティールームで初めて出会い、その美味しさに感動したこのスコーン、先入観を捨てて口にすれば、きっとお気に召していただけるはず……。

Ingredients

8個分

A | 薄力粉…240g
　 | ベーキングパウダー…大さじ1
　 | 塩…小さじ1/4
　 | マスタードパウダー…小さじ1

無塩バター…50g
チェダーチーズ…50g(おろしたもの)

B | 卵…1個
　 | 牛乳…卵と合わせて120mlになる分量

トッピング用

C | マーマイト…小さじ2
　 | 牛乳…小さじ1

チェダーチーズ… 70g(おろしたもの)

Preparation

オーブン予熱210℃
天板にオーブンペーパーを敷く
バターは1cm角にカットし冷蔵庫で冷やす

Recipe

1. Aを合わせてボールにふるい入れ、バターを加えます。指先をこすり合わせるようにして粉の中でバターの粒を小さくしていき、全体をサラサラのパン粉状にします。チーズも合わせます。

2. Bの卵液を①に回し入れ、テーブルナイフまたはゴムベラでざっと混ぜてひとかたまりにします。打ち粉をふった台に取り出し、18×24cmの長方形にめん棒で伸ばします。

3. Cを小さな器に入れて、レンジで数秒軽くあたため、ハケなどで②の表面に塗り広げます。トッピング用のチーズを散らし、長辺から クルクルと巻いていきます。巻き終わりを指でつまんで閉じたら8等分にスライスし、断面を上にして天板に並べます。

4. オーブンの温度を190℃に下げて15分ほど焼きます。

Onion tart tatin scone
〜オニオンタルトタタンスコーン〜

パイ生地を使った玉ねぎのタルトタタンは、イギリスでも近頃よく見かけるメニューですが、これは簡単にできるスコーン生地を使ったもの。パイ生地よりボリュームが出て、しかもあっさり。甘い玉ねぎとバルサミコのジュースが染み込んだ、タイム風味のスコーン生地は最高の味わいです。お友達が来る日のワインのお供にぜひ！

Ingredients

20cm 浅い丸型 1台分

紫玉ねぎ…小3個（約500g）

A | 無塩バター… 30g
　 | ブラウンシュガー…大さじ1½
　 | バルサミコ酢…大さじ1½

スコーン生地

B | 薄力粉…225g
　 | ベーキングパウダー…小さじ1½
　 | 塩…小さじ1/2
　 | マスタードパウダー…小さじ1/2

無塩バター…50g
タイム（生）…小さじ2（葉のみ）
バターミルク（P6参照）…120ml
塩・黒こしょう・オリーブオイル・あればオレガノなど好みのハーブ…適量

Preparation

オーブン予熱190℃
型の側面からはみ出すようにオーブンペーパーを敷く（P87「ビーツのタルトタタン」の写真参照）
Aのバターは室温に戻し、スコーン用のバターは冷やしておく

Recipe

1 玉ねぎを1.3cm厚ほどの輪切りにし、オリーブオイルを敷いた中火のフライパンで片面5分くらいずつじっくり焼きます（バラバラにならないように注意）。塩こしょうでしっかり調味します。

2 型の底にAのバターを厚く塗り広げ、ブラウンシュガーとバルサミコ酢をふりかけます。①の玉ねぎをぎっしりと隙間なく並べ、190℃のオーブンで15分ほど焼きます。

3 ＜スコーン生地＞Bをボールに合わせてふるい入れてバターも加え、指先を使い全体をサラサラのパン粉状にします。タイムとバターミルクを加えて生地をひとつにまとめます。必要なら打ち粉を使いながら、型よりほんの少し大きな円形に伸ばします。

4 ②をオーブンから取り出し、③の生地をのせて、周囲の余った生地を玉ねぎを包むように型の側面に沿って押し込みます（熱いのでやけどに注意）。生地にフォークで空気穴をあけます。

5 190℃のオーブンでさらに25分ほど焼き、オーブンから出して、3分ほど置いてから皿にひっくり返します。好みでオレガノなどを散らしても。

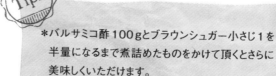

Tips

*バルサミコ酢100gとブラウンシュガー小さじ1を半量になるまで煮詰めたものをかけて頂くとさらに美味しくいただけます。
*紫玉ねぎがないときは普通の玉ねぎでも。
*スコーン生地のタイムはなければ省略してもかまいませんが、代わりにチーズ50gを加えて、チーズスコーンにしてもまた美味しいですよ。

Beef & ale cobbler
~ビーフ&エールコブラー~

よくあるコブラーは、りんごやブラックベリーなど柔らかく煮たフルーツに、スコーン生地をのせて焼くデザート。これはイギリスの伝統料理の、ビーフのビール煮込みを使ったセイボリーバージョンです。タイム風味のスコーン生地は、シチューの染み込んだベース部分とカリッと焼けた部分、どちらも美味しくって得した気分。

煮込み時間はちょっぴり時間がかかるけれど、前の日にでも煮ておけば、当日はスコーン生地をのせて焼くだけです。来客時にお出しすれば、思わず歓声が上がること間違いなしですよ。

Ingredients

直径24cm陶器製パイ皿
または容量1.2ℓ耐熱容器

A | 玉ねぎ…正味280g（2cm角切り）
　 | 人参…正味300g（2cm角切り）
　 | にんにく…1片（みじん切り）

牛肉（赤身）…500g（3cm角切り）
薄力粉…大さじ2

B | エールビールまたはスタウト…300ml
　 | ビーフストック…150ml
　 | トマトペースト…大さじ1
　 | ウースターソース（できればリーペリンソース）…大さじ2
　 | ローリエ…2枚

コブラー（スコーン生地）

C | 薄力粉…175g
　 | ベーキングパウダー…小さじ2
　 | 塩…ひとつまみ

無塩バター…50g
タイム（生）…小さじ2（好みで省略も可）
牛乳…80～90ml
塩・黒こしょう・植物油…適量

Preparation

オーブン予熱200℃

Recipe

1　鍋に植物油大さじ1を熱してAを炒め、しんなりしたら取り出します。

2　牛肉に塩とこしょう少々、薄力粉をまぶします。①の鍋に植物油大さじ1を足して、中火で肉の色が変わるまで炒め、①を戻し入れます。

3　②の鍋にBを加えて一度沸騰させてから火を弱め、蓋をして1.5～2時間ほど、お肉が柔らかくなるまで煮込みます。最後に塩・こしょうで味を調えます。

4　＜コブラー（スコーン生地）＞Cを合わせてボールにふるい入れ、バターを加えて、指先でサラサラのパン粉状にします。タイムと牛乳を加え、ひとつにまとめたら、打ち粉をふった台に取り出します。1.5cm厚さに伸ばし、直径5cmの丸型で抜きます。

5　耐熱の器に③を入れて、その上に④のコブラーをのせて200℃のオーブンで20～25分ほど焼きます。コブラーが膨らんで、いい焼き色がついたら完成。

Tips
＊オーブンに入れられる鍋なら、煮込んだ鍋にそのままコブラー生地をのせて焼いても。
＊このビーフシチューにペストリーをかぶせて焼けば、ビーフ&エールパイになります。

Pastries

ペストリー

イギリス人の愛するパイ料理。ひとことでパイ料理といっても、
生地も姿も使う材料も実に様々。365 日違うものを食べて暮らせ
るのではないかと思うほど、種類豊富です。
どれも捨てがたいものばかりですが、ここでは小麦粉で作るペス
トリーを用い、オーブンで焼くタイプのものを主に取り上げます。

また名前について、イギリスの「タルト」と「パイ」の区別は曖昧で、
一般に上部にペストリーがないものを「タルト」、上下ともあるい
は上部だけペストリーで覆うものを「パイ」と呼ぶ傾向にあります。

ペストリー（生地）の扱いや焼き加減は、とにかく数をこなして
慣れることが一番。生地がだれてきてしまったら一度冷蔵庫に入
れて、生地も自分もクールダウンさせてあげましょう。

Shortcrust pastry
～ショートクラストペストリー～

とにかく万能な、イギリスらしいペストリー。シンプルな手順で、あっという間にその名のとおりショート（サクサク）な食感のペストリーが作れます。

基本は粉類の半分の重さの油脂（バター・ショートニング・ラードなど）を加えて、ラブイン（バターと粉とを指先ですり合わせてサラサラの状態にすること）し、まとまる程度の水分（水・卵）を加えるだけ。セイボリーのパイ類はもちろん甘いタルトにも使えるので、冷凍庫に常備しておくといつでも気軽にパイやタルトが作れます。

フィリングに合わせて一部全粒粉に代えてみたり、ハーブなどの風味を加えてみたり、アレンジも自在。ペストリーにのせたり包んだりするだけで、いつもの野菜や料理がぐんとご馳走にランクアップして見えるのだから、使わない手はありませんよね。

Ingredients

基本量 1単位（約350g）

A｜ 薄力粉…200g
　｜ 塩…小さじ1/4

無塩バター…100g
冷水…大さじ3〜4

Preparation

バターを1cm角にカットし
冷蔵庫で冷やしておく

Recipe

1 Aをボールにふるい入れ、冷たいバターを加えます。指先をこすり合わせるようにして粉の中でバターの粒をすりつぶし、全体をサラサラのパン粉状にします。
手が温かくバターが溶けてしまいそうなときは、ある程度までカードやパイブレンダーを使うといいでしょう。

2 冷水（または卵）を様子を見ながら回し入れ、テーブルナイフまたはゴムベラでざっと混ぜてひとかたまりにします。ラップで包んで、めん棒で軽くつぶして平らにし、冷蔵庫で1時間ほど休ませてから使います。

Tips

＊冷水の代わりに卵を使うとよりリッチな味わいになり、浮きや縮みが少なくなって、より脆い食感になります。フィリングとの味の兼ね合いで、好みで使い分けてください。卵を使う場合は薄力粉200gに対して全卵30g、様子を見て必要であれば冷水大さじ1を加えます。

＊フードプロセッサーで作るととっても簡単。Aと冷たいバターをフードプロセッサーに入れたら、サラサラの状態になるまで撹拌します。次に冷水（または卵）を入れながら回し、ひと固まりになり始めたらストップしましょう。同様に冷蔵庫で休ませてから使います。

＊水分量は粉の種類や季節によっても変わってくるので、様子を見ながら調整しましょう。

＊保存は冷蔵庫なら3日、冷凍なら2ヶ月可能です。解凍は冷蔵庫に移して3〜4時間。

＊タルト型に敷き込んだ状態で冷凍しておいても便利です。

~ショートクラストペストリーのバリエーション~

<全粒粉入り>
グリンピース・ソラマメ&ミントタルト：P65
ホミティーパイ：P69

<ハーブ入り>
サマーベジタブルタルト：P57
トマトガレット：P85

<クルミ入り>
リーク&ベーコンタルト：P60

<チーズ入り>
レッドオニオンマーマレードガレット：P83

ほかにも黒こしょうやパプリカなど、お好みで楽しんでみてください。

Rough puff pastry
～ラフパフペストリー～

たくさんの層ができる、いわゆる折りパイ生地を、イギリスでは「パフペストリー」と呼びます。こちらはイギリスでも市販品を使うのが主流。家庭で作る場合はその簡単バージョンの、この「ラフパフペストリー」を作ります。バターの塊を生地で包み込んで作る前者と違い、こちらはキューブ状にカットしたバターを折り込んで作る方法。2回目の折り込みまではバターが飛び出してきたりとちょっと戸惑うかもしれませんが、折る度になめらかになっていく生地の変化に段々楽しくなってくるはず。

ショートクラストペストリーよりは確かにちょっと手間はかかりますが、黄金色のサクサクのパイが焼き上がると、また作ろう！　と思うはず。

Ingredients

基本量 1単位（約500g）

A｜ 薄力粉…125g
　　強力粉…100g
　　塩…小さじ1/3

無塩バター…150g
冷水…100 〜 120ml
打ち粉（強力粉）…適量

Preparation

バターを1cm角にカットし
冷蔵庫で冷やしておく

Recipe

1 Aをボールにふるい入れてバターを加え、バターひとつひとつに粉をまぶしつけます。

2 テーブルナイフまたはゴムベラで混ぜながら、粉っぽさがなくなる程度まで冷水を加え、ざっとひとかたまりにします。

3 打ち粉を多めにふった台に取り出し、まずは小さな長方形に整えます（室温が高いときは④に移る前にここで20分ほど冷蔵庫で休ませると扱いやすくなります）。

4 打ち粉をしながら18cm×40cm程度までめん棒で伸ばし、3つに折りたたみます。90度角度を変えて、再度同じ大きさまで伸ばしてから、また3つに折りたたみます（この工程ではバターが台やめん棒にくっつくので、カードで外しながら手早く行いましょう）。

5 ラップで包んで冷蔵庫で30分休ませ、この作業をあと1 〜 2回繰り返します（折りたたむ回数計4 〜 6回）。最後の作業を終えてから、30分冷蔵庫で休ませたら生地の完成。

Tips

＊室温や粉の種類により入る水分量は変わってくるので、様子を見ながら加えましょう。
＊薄力粉だけでも作れますが、強力粉が半分程度入ると扱いやすいペストリーになります。
＊折り込み作業は計4回でも美味しく焼けますが、6回のほうがより層のある仕上がりに。
＊部屋も道具も材料も手も、できるだけ冷たいほうが作業がスムーズに進みます。
＊保存は冷蔵庫で2日、冷凍なら2ヶ月可能です。解凍は冷蔵庫に移して3 〜 4時間。

Hot water crust pastry

～ホットウォータークラストペストリー～

美味しいペストリー作りの基本はバターを溶かさず、冷たい状態で手早く行うこと。そんな常識を覆す異色のペストリーが、このホットウォータークラストペストリーです。油脂を溶かした熱々のお湯で作り、しかもそのペストリーが冷めきってしまう前に使わないといけないというのだから驚き。

このペストリーが昔からイギリスで広く使われてきたのには、いくつか理由があります。まずはバターより安価なラードで作れること。ほかのペストリーより格段に頑丈なため、高価な専用の型がなくとも自立して焼けること。フィリングには主に肉類を入れるのですが、焼成後フィリングとペストリーの間にできた隙間にゼラチン入りのストックを流して空気を遮断すれば、肉類の保存性が高まり、貯蔵はもちろん携帯や輸送にも対応できたこと。こんな理由から重宝がられてきたのです。

ですがヘルシー志向が高まる昨今のイギリスでは、ラードの人気は下降中。現在はポークパイやピクニックパイと呼ばれる冷たい状態（あるいは常温）で食べる一部のパイに使われる程度で、登場回数は大分減ってしまいました。そんな中、最近の傾向としてはラードの一部をバターに代えたホットウォータークラストペストリーに人気が。確かにこちらのほうが、バターの香りがプラスされてより現代的な味がします。ラードの半量をバターに代えたものは、個人的にもおすすめです。

下の工程を見て頂くとお分かりのように、ペストリー作りは驚くほどシンプル。イギリス伝統のペストリー、ぜひ一度お試しを。

Ingredients

基本量 1単位 800g

A| 薄力粉…225g
 | 強力粉…225g
 | 塩…小さじ1

ラード…150g（またはラードと無塩バター半分ずつ）
水…200ml

Preparation

ラード（バター）を1cm角にカットしておく

Recipe

1 Aをボールにふるい入れます。

2 小鍋にラード（またはラードとバター）と水を入れて中火にかけ、沸騰したらすぐに火から下ろします。これを①のボールに加え、木のスプーン（またはゴムベラ）で混ぜてひとかたまりにし、手で触れる温度になったら、軽くこねて均一な生地にします。

Tips

＊ほかのペストリーと違い、冷えすぎると脆く使えなくなってしまいます。必ず使う直前に作りましょう。できた生地はビニール袋に入れてタオルで包んでおくなどして、冷めすぎないように注意します。

＊油脂が溶け込んだ生地なので、基本的に打ち粉も型に塗るオイルも、ほとんど必要ありません。

その他のペストリー

Suet pastry
スエットペストリー

スエットとは、牛の腎臓周りのケンネ脂のこと。今はあまり見かけることも少なくなってきた、イギリスの昔ながらペストリーです。作り方は簡単で、粉にこのスエットを加え、水でまとめるだけ。油脂と粉をすり混ぜる必要も、寝かせる必要もありません。ショートクラストペストリー同様、セイボリー・甘いフィリング問わず使われます。
大きく違うのはその加熱方法。今と違ってオーブンが普及していない時代から使われているペストリーですから、茹でるか蒸すのが主流でした。茹でればもっちりずっしりと、蒸せばふんわり、そして焼けばさっくりとした食感に。本書ではベドフォードシャークランガー（P104）で一部使用しています。

Puff pastry
パフペストリー

日本でいう、いわゆるパイ生地。塊のバターを生地で包んでから、何度も折りたたんで層を作るペストリー。イギリス料理でもこのペストリーはよく登場しますが、これはスーパーで市販品を買うのが常識。家庭で作る人はほとんどいません。イギリスのスーパーにはこのパフペストリーとショートクラストペストリーが、冷凍・冷蔵共に、ブロック状のものと薄く伸ばしてクルクルと巻いてあるものとが売られているので、みな気軽にパイ料理を作ります。

Flaky pastry
フレーキーペストリー

ラフパフペストリー同様、上記のパフペストリーの簡易バージョン。こちらは作り方に2タイプあります。ひとつは、バター（ラードと半々のことも）の1/4量と粉をすり合わせて水でまとめて生地を作ります。それを長方形に伸ばし、その上に1/4の量のバターをドット状において三つ折りして伸ばし、またバターをおいて三つ折りして伸ばす、と3回繰り返して作ります。
もうひとつのクイックフレーキーペストリーと呼ばれるものは、冷凍庫に入れて固くしたバターを直接粉に削り入れて、それを水でまとめるというもの。どちらも、ショートクラストペストリーよりは油脂の配合が多く、焼きあがりに層ができ、フレーキー（サクサク）な食感です。

Choux pastry
シューペストリー

日本でいうシュー生地のこと。シューバンズ（生クリームを詰めたシュークリーム）やエクレアにするほか、セイボリーのフィリングを詰めたり、チーズを混ぜた生地にすることも。

スエット

スエットとは、牛の腎臓周りの脂のこと。イギリスでは昔からバターより安価な油脂として、ペストリー作りやプディング作りに活用してきました。もちろん理由は値段だけでなく、ほかのどの部位の油脂より臭いやクセが少ないうえに、融点が高く扱いやすいというのが大事な理由のひとつでもあったようです。

イギリスにいる頃に友人が、お肉屋さんで牛のキドニーを丸ごといくつも買ってきて、その周りの脂を削ってスエットを作るところからペストリー作りを教えてくれたのですが、それがなかなか大変な作業。ペストリーを作り始める前に材料の準備で疲れてしまいそう。

それが今では、スエットがお米状のパラパラの状態に加工され、常温の箱入りでスーパーに並んでいるのですから、素晴らしいこと。しかも驚くことに、ベジタリアンバージョンまで揃っています。この乾燥スエットがあることで、今ではスエットペストリー作りもあっという間。小麦粉と共にボールに入れたら、あとは水を加えて混ぜるだけですから。

そんな風に簡単になったスエットを使うペストリーやプディング作りですが、今は日本に比べて驚くほど乳製品がお安いイギリス、美味しいバターが山のようにあるのにわざわざスエットを使う人がそういるはずもなく、もっぱらクリスマスシーズンにその需要は集中しているよう。前述の友人曰く、「クリスマスプディングだけはスエットを使わないと!」とのこと。なんでも、プディングを蒸す間に溶け出したスエットが冷えて固まったときに表面をシーリングしてくれるため、2年くらいは常温でもつのだとか。彼女はいつも2年分まとめてクリスマスプディングを作っていました。

スエットを使った代表的なセイボリープディングは、牛肉のビール煮を詰めた「ビーフ & エールプディング」や牛肉と腎臓のシチューを詰めた「ステーキ & キドニープディング」、デザートでは「ジャムローリーポーリー」や「スポテッドディック」などがあります。

伝統的な作り方は鍋にお湯を張っての茹で蒸し。特にプディングベイスンに入れて長時間蒸したスエットペストリーは、なぜか焼いたように色がつき、ふわっとしつつもさっくりとした不思議な食感。クセはなく食べやすいものです。

近頃は世界中の料理に溢れているイギリスですが、一方で伝統的な料理を復活させようという動きも少なくなく、パブやレストランでスエットペストリーに出会うこともできます。次回イギリスに行く機会があったら、ぜひ伝統のスエットペストリーを体験してみてください。

イギリスのパイには、上下ともペストリーで覆われた double-crust pie（ダブルクラストパイ）と、上部だけ覆う top-crust pie（トップクラストパイ）があります。どちらを選んでもかまいませんが、基本的にはポーク＆アップルパイ（P74）など水分の多いシチューのようなフィリングは、下に敷いたペストリーが生焼けになりがちなので、上部だけ覆うことが多いです。

ダブルクラスト

下のペストリーのふちに卵を塗ってペストリーを重ね、余分をナイフでカットし、指またはフォークで上下をしっかり閉じます（クリンピング）。

指でつまんで↑
フォークで押さえて→

トップクラスト（ふちつきのパイディッシュの場合）

ふちに卵を塗って、帯状のペストリーを貼りつけてからその上にもう一度卵を塗り、蓋用のペストリーを重ねてボリュームを出します（ふちがないときは全体を覆うように貼りつけるだけでかまいません）。

もしペストリーが余ったら
クッキー型やナイフで
ペストリーをカットして
卵で貼りつければちょっと豪華に。

パイ料理は
「この形じゃなきゃ」
「このサイズでないと」
にこだわらず、おうちにある
様々な器や型で試してみてください。
フィリングとペストリー、
スタイルの組み合わせもご自由に。

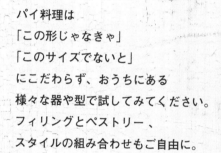

55

Summer vegetable tart

～サマーベジタブルタルト～

彩り鮮やかな夏野菜のタルト。基本のショートクラストペストリーでもかまいませんが、こ
こではハーブを加えて爽やかな香りをプラスしています。いわゆる「キッシュ」とも呼ば
れる基本のタルトです。ペストリーと卵液はそのままで、フィリングや型のサイズを変えてみた
りと、慣れてきたらこれほど便利なタルトはありません。ぜひ、手元にある様々な食材で試して
お気に入りを見つけてみてください。

Ingredients

直径21cmタルト型 1台分
または 直径16cm 2台分

ハーブショートクラストペストリー

A 薄力粉…200g
　 塩…小さじ1/4

無塩バター…100g
ハーブ＊…小さじ1（好みで・省略も可）
冷水…大さじ3～4

フィリング

ズッキーニ…100g（1.5cm角切り）
茄子…150g（1.5cm角切り）
枝豆・プチトマト・スナップエンドウなど
…好みで適量

B にんにく…1片（みじん切り）
　 オリーブオイル…大さじ1

C 卵…1½個
　 生クリーム（乳脂肪分40％前後）…150ml
　 塩…小さじ1/2
　 黒こしょう…少々

パルメザンチーズ（好みで）…適量

＊ハーブはフレッシュでもドライでもOK。タイムや
ローズマリーなどの単品でも、エルブドプロヴァ
ンスのようなミックスハーブでも。

Preparation

オーブン予熱180℃
型にバターを薄く塗る

Recipe

1　P46を参照してショートクラストペストリーを作ります（手順1
でハーブを加えます）。

2　①の生地を3mmの厚さにめん棒で伸ばし（必要なら打ち粉を
しながら）、型に敷き込み、冷蔵庫で30分ほど冷やします。

3　フォークで底に空気穴を数か所あけます。アルミホイルで覆
って重石をのせ、180℃のオーブンで15分ほど空焼きします。
重石とアルミホイルを外し、さらに5分ほど焼きます。

4　ズッキーニ・茄子はボールに入れ、Bとあえてから、熱したフラ
イパンで軽くソテーします。枝豆やスナップエンドウは下茹で
します。

5　③の空焼きしたペストリーに④の野菜を彩りよく並べ、Cを
混ぜ合わせて流し入れます。好みでパルメザンチーズを削り、
180℃のオーブンで30～40分ほど、中央が膨らんで火が
通るまで焼きます。

Variation

ソテーしたきのこ数種　／　角切りのベーコン＋ソテーしたほう
れん草　／　スモークサーモン＋ブロッコリー

Tips

Cの卵液の分量は型の深さやフィリングの野菜の
量にもよるので、卵1個につき生クリーム100ml
の割合を基本とし、適宜加減を。

Caramelized onion tart

～キャラメライズドオニオンタルト～

こ のうえなくシンプルな、玉ねぎオンリーのタルトです。隠し味は一緒に炒めるタイム。十数年前、イギリスで通った料理学校で初めてこのタルトに出会ったときは、その深く優しい味わいにビックリしたものです。玉ねぎの甘さ、ほのかに香るタイムと白ワイン。こんなにもシンプルな材料でこんなにも美味しいタルトができるなんてと衝撃を受け、それからずっと作り続けているタルトです。冷えた白ワインを添えて夏の爽やかなランチに、小さめにカットしてディナーの前菜にも便利です。

Ingredients

直径21cmタルト型 1台分

ショートクラストペストリー

A | 薄力粉…200g
　 | 塩…小さじ1/4

無塩バター…100g
冷水…大さじ3～4

フィリング

玉ねぎ…正味450g（薄くスライス）
無塩バター…20g
オリーブオイル…大さじ1
タイム（生）…小さじ2（葉のみ）
白ワイン…大さじ2

B | 卵…2個
　 | 生クリーム（乳脂肪分40%前後）…100ml
　 | 塩…小さじ1/2
　 | 黒こしょう…少々

Preparation

オーブン予熱180℃
型にバターを薄く塗る

Recipe

1 P46を参照してショートクラストペストリーを作ります。

2 ①の生地を3mmの厚さにめん棒で伸ばし（必要なら打ち粉をしながら）、型に敷き込み、冷蔵庫で30分ほど冷やします。

3 フォークで底に空気穴を数か所あけます。アルミホイルで覆って重石をのせ、180℃のオーブンで15分ほど空焼きします。重石とアルミホイルを外してさらに5分ほど焼きます。

4 厚手の鍋を中火にかけてバターとオリーブオイルを熱し、玉ねぎ、タイムを加えて軽く炒めて蓋をします。8～10分玉ねぎがしんなりするまで蒸し焼きにしたあと蓋を外し、今度は時々混ぜながら玉ねぎが茶色く色づくまでさらに炒めます。ワインを加えて1～2分加熱したら、塩・黒こしょうで味を調えます。火から下ろして冷ましておきます。

5 空焼きした③のペストリーに④の玉ねぎを敷き詰めます。Bを混ぜ合わせて玉ねぎの上に流します。180℃のオーブンで35分ほど、表面に軽く焼き色がつくまで焼きます。

Tips

ストウブのような厚手の鍋を使い、はじめ蒸し焼きにすることで玉ねぎが焦げずに早く飴色になります。厚手の鍋がない場合はもう少し時間はかかりますが、じっくり混ぜながら炒めれば大丈夫。

Leek & bacon tart

～リーク＆ベーコンタルト～

日本では「ポロネギ」「ポワロー」などと呼ばれる、太くて立派なねぎの仲間「リーク」は、イギリスではとてもメジャーな野菜。特にウェールズ地方では国のシンボルとして、旗やコインのデザインなどいろいろな場面に描かれ、お料理にもよく登場します。日本のネギより辛みが少なく、火を通すとなめらかなテクスチャーになり独特の甘みが出ます。このようにタルトにするほか、マッシュポテトに混ぜたり、スープにしたりと使い方も様々。

近頃はだいぶ洋野菜が出回るようになった日本、もし旬の冬に美味しそうなリークに出会ったらぜひお試しを。緑の部分も美味しいので、捨てずに一緒に炒めてくださいね。

Ingredients

35×11cm長方形タルト型
または直径21cmタルト型

ウォルナッツショートクラストペストリー

A｜ 薄力粉…200g
　｜ 塩…小さじ1/4

無塩バター…100g
くるみ…25g（みじん切り）
冷水…大さじ3～4

フィリング

リーク…250g（1cm輪切り）
無塩バター…10g
オリーブオイル…大さじ1
ベーコン…100g（角切り）

B｜ 卵…1½個
　｜ クレームフレッシュ…150ml
　｜ （または生クリームでも）
　｜ パセリ…大さじ2
　｜ パルメザンチーズ…20g（おろしたもの）
　｜ 塩…小さじ1/3
　｜ 黒こしょう…少々

粒マスタード…大さじ1

Preparation

オーブン予熱180℃
型にバターを薄く塗る

Recipe

1 P46を参照してショートクラストペストリーを作ります（手順1でくるみを加えます）。

2 ①の生地を3mmの厚さにめん棒で伸ばし（必要なら打ち粉をしながら）、型に敷き込み、冷蔵庫で30分ほど冷やします。

3 フォークで底に空気穴を数か所あけます。アルミホイルで覆って重石をのせ、180℃のオーブンで15分ほど空焼きします。重石とアルミホイルを外してさらに5分ほど焼きます。

4 フライパンにバターとオリーブオイルを熱し、中火でリークをしんなりする程度にソテーします。軽く塩・こしょうし、取り出して冷ましておきます。ベーコンも同じフライパンで軽くソテーします。

5 ③の空焼きしたペストリーにマスタードを塗り広げ、④のリークとベーコンを敷き詰めます。Bを混ぜ合わせて流し入れます。180℃のオーブンで35分ほど、表面に軽く焼き色がつくまで焼きます。

Tips

*リークが手に入らないときは、多少風味は異なりますが、下仁田ネギなどを使っても作れます。
*卵液の分量は型の深さやフィリングの量にもよるので、卵1個につきクレームフレッシュ（生クリーム）100mlの割合を基本とし、適宜加減を。
*くるみなしの基本のペストリーでもかまいません。

New potato, salmon & dill tart

〜新じゃが・サーモン&ディルタルト〜

イギリスの魚料理というと、日本ではことフィッシュアンドチップスばかりが有名ですが、四方を海に囲まれたイギリスは豊かな漁場に恵まれ、脂ののったサーモンや鱈が美味しいことでも知られています。タルトには燻製した鱈やサーモンだけでなく、脂がのったしっとりとした生サーモンを使うと、満足感のあるお食事系のタルトに仕上がります。

ディルと新じゃがも、サーモンとは定番の組み合わせ。サラダを添えてランチに、夜なら冷えたワインのお供にどうぞ。女性ならメインディッシュにしても喜ばれそう。

Ingredients

直径21cm 深型タルト型

ショートクラストペストリー

A｜薄力粉…200g
　｜塩…小さじ1/4

無塩バター…100g
冷水…大さじ3〜4

フィリング

新じゃが（小）…200g
生鮭切り身…200g
月桂樹…2枚
クリームチーズ…70g

B｜卵…2個
　｜生クリーム（乳脂肪分40%前後）
　｜…200ml
　｜ディル（生）…大さじ1（刻んだもの）
　｜塩…小さじ1/3
　｜黒こしょう…少々

Preparation

オーブン予熱180℃
型にバターを薄く塗る

Recipe

1 P46を参照してショートクラストペストリーを作ります。

2 ①の生地を3mmの厚さにめん棒で伸ばして（必要なら打ち粉をしながら）型に敷き込み、冷蔵庫で30分ほど冷やします。

3 フォークで底に空気穴を数か所あけます。アルミホイルで覆って重石をのせ、180℃のオーブンで15分ほど空焼きします。重石とアルミホイルを外してさらに5分ほど焼きます。

4 生鮭は塩こしょうを軽くして、月桂樹をのせてアルミホイルで包み、180℃のオーブンで15分ほど焼きます。骨と皮を取り除き、ひと口大にほぐします。
新じゃがはきれいに洗い、塩少々を加えた水で皮ごと固めに茹で、小さなものは半分に、大きなものは同じようなサイズにカットします。クリームチーズは親指大程度の塊にちぎります。これらを③の空焼きしたペストリーに広げます。

5 Bを混ぜ合わせ、④の上に注ぎます。180℃のオーブンで35〜40分ほど、表面に軽く焼き色がつくまで焼きます。

Tips

*ドライのディルを使う際は小さじ1/2〜1程度で。
*イギリスのニューポテトはとってもミニサイズ、小さな新じゃがが出始めるシーズンにぜひ。
*Bの卵液の分量は型の深さやフィリングの量にもよるので、卵1個につき生クリーム100mlの割合を基本とし、適宜加減を。

Pea, broad bean & mint tarts

～グリーンピース・ソラマメ&ミントのタルト～

切り分ける手間もなく、手でつまんでも食べられるので、来客時に便利な小さなタルト。ソラマメやグリーンピースにミントと初夏らしい組み合わせで、爽やかさいっぱいです。
小さなタルトは作るのがちょっと面倒に思えるかもしれませんが、空焼きをしなくていいし、焼き時間も短くて済むので意外と楽ちんですよ。前日に生地を敷き込むところまで準備しておけば、当日はフィリングをのせて焼くだけでOK。材料が足りなければ具材にこだわらず、それぞれ違うものを入れて作ってもかまいません。
冷蔵庫に眠っている半端もののチーズや食材で色々試してみるのも楽しいですね。

Ingredients

直径7cmタルト 12個分

全粒粉入りショートクラストペストリー

A｜ 薄力粉…150g
　　全粒粉…50g
　　塩…小さじ1/4

無塩バター…100g
卵…30g
水…大さじ1

フィリング

グリーンピース…40g（下茹でしたもの）
ソラマメ…70g（下茹でしたもの）
フェタチーズ…50g（なければ好みのチーズで）

B｜ 卵…1個
　　生クリーム（乳脂肪分40%前後）…100ml
　　ミント（生）…小さじ2（みじん切り）
　　塩…小さじ1/5
　　黒こしょう…少々

Recipe

1 P46を参照してショートクラストペストリーを作ります（薄力粉の一部を全粒粉に、水分は卵と水に置き換えます）。

2 ①の生地をめん棒で2～3mm厚さに伸ばします（必要なら打ち粉をしながら）。焼き型よりひとまわり大きな丸型で抜き、型に敷きこみます。底にフォークで数か所穴を開け、冷蔵庫で生地が固くなるまで冷やしておきます。

3 小さめに砕いたチーズ、グリーンピース、ソラマメを②の型に分け入れ、Bを混ぜ合わせたものを流します。180℃のオーブンで25～30分、表面と底が軽く色づく程度に焼きます。

Tips

*グリーンピースやソラマメは、シーズンでなければ冷凍でもかまいません。
*Bの卵液の分量は型の深さやフィリングの量にもよるので、卵1個につき生クリーム100mlの割合を基本とし、適宜加減を。
*全粒粉入りではなく基本のペストリーでもOK。

Preparation

オーブン予熱180℃
型にバターを薄く塗る（タルトレット天板使用）

Broccoli & Stilton tarts

～ブロッコリー＆スティルトンチーズタルト～

イギリスのクリスマスシーズンに欠かせないのが、スティルトンチーズ。ポートワインなどと合わせて、そのままクラッカーと食べるのはもちろんですが、ブロッコリーと組み合わせたスープやタルトも人気です。ここでは食感と味のアクセントにくるみを加えてさらに美味しさUP。余った生地で星形のチーズビスケット（P108 参照）を作れば、フェスティブムードもアップすることまちがいなしです。小さくても存在感のある、クセになる味わいのタルトです。

Ingredients

直径7cmタルト型 12個分

ショートクラストペストリー

A 薄力粉…200g
　 塩…小さじ1/4

無塩バター…100g
冷水…大さじ3 ～ 4

フィリング
ブロッコリー…80g（硬く茹でほぐしておく）
スティルトンチーズ…50g
くるみ…30g（粗刻み）

B 卵…1個
　 生クリーム（乳脂肪分40％前後）…100ml
　 塩…小さじ1/4
　 黒こしょう…少々

Preparation

オーブン予熱180℃
型にバターを薄く塗る（タルトレット天板使用）

Recipe

1 P46を参照してショートクラストペストリーを作ります。

2 ①の生地をめん棒で2 ～ 3mm厚さに伸ばします（必要なら打ち粉をしながら）。焼き型よりひとまわり大きな丸型で抜き、型に敷き込みます。底にフォークで数か所穴をあけ、冷蔵庫で生地が固くなるまで冷やしておきます。

3 小さめに砕いたチーズ、ブロッコリー、くるみを②の型に分け入れ、Bを混ぜ合わせたものを流します。180℃のオーブンで25 ～ 30分、表面と底が軽く色づくまで焼きます。

Tips

＊スティルトンチーズの代わりにほかのブルーチーズでも美味しくできます。

＊卵液の分量は型の深さやフィリングの量にもよるので、卵1個につき生クリーム100mlの割合を基本とし、適宜加減を。

Homity pie

～ホミティーパイ～

全粒粉入りの厚めのペストリーに、じゃが芋と玉ねぎ、チーズを入れて焼く素朴なタルト。もともとは第二次世界大戦中の、食糧難の時代に作られていたタルトといわれています。食料配給制の時代に貴重品だった肉と卵はどちらも入らず、じゃが芋と玉ねぎでかさ増しされ、ペストリーはバターの代わりにラードやマーガリンで作られていました。

ですがご安心を、現代のレシピは生クリームやチーズもたっぷり入るリッチなもの。フィリングはまるでグラタンのようにクリーミーな美味しさです。ただしフィリングに卵は入らないので、キッシュのようにしっかりは固まりません。熱々のうちにカットすると全部流れ出てしまうのでご注意を。ほどよく粗熱が取れたら切り頃、食べ頃です。

Ingredients

直径21cm 深型タルト型

全粒粉入りショートクラストペストリー

A | 薄力粉…120g
　　全粒粉…80g
　　塩…小さじ1/4

無塩バター…100g
卵…1個

フィリング

じゃが芋…正味300g（1.5cm角切り）
玉ねぎ…正味300g（1.5cm角切り）
にんにく…2片（みじん切り）
無塩バター…20g

B | 生クリーム（乳脂肪分40%以上）
　　…150ml
　　細ネギ…4～5本（小口切り）
　　パセリ…大さじ1（みじん切り）
　　塩…小さじ1/2
　　こしょう…適量

チェダーチーズ…100g（おろしたもの）

Preparation

オーブン予熱180℃
型にバターを薄く塗る

Recipe

1 P46を参照してショートクラストペストリーを作ります（薄力粉を一部全粒粉に代え、卵1個で生地をまとめます）。

2 ①の生地を4～5mm厚さにめん棒で伸ばし（必要なら打ち粉をしながら）、型に敷き込み、冷蔵庫で30分ほど冷やします。

3 フォークで底に空気穴を数か所あけます。アルミホイルで覆って重石をのせ、180℃のオーブンで15分ほど空焼きします。重石とアルミホイルを外してさらに5分ほど焼きます。

4 じゃが芋は塩少々を加えた水で竹串が通る程度に茹でます。フライパンにバターを溶かし、玉ねぎとにんにくが透き通るまでソテーします。ここに茹でたじゃが芋を入れて軽く炒め合わせたら火を止め、すぐにBとチーズのうち70gを加えて混ぜあわせます。これを③の空焼きしたペストリーに詰め、残りのチーズを上に散らします。

5 180℃のオーブンで35分ほど、表面にこんがり焼き色がつくまで焼きあげます。

Tips

*全粒粉入りの脆い生地です。厚めに伸ばして生地の味わいも楽しみます。

*浅い型を使う場合はフィリングは2/3量で間に合います。

*チーズはほかのものでもかまいません。

Chicken & mushroom pie

〜チキン＆マッシュルームパイ〜

チキン＆マッシュルームパイは、数あるイギリスパイ料理の中でも定番中の定番。サクサクのペストリーにフォークを入れると、しっとりチキンとマッシュルームのクリーミーなフィリングがたっぷり。

イギリスではよく、おひとり様用の楕円形のパイ皿を使いますが、もちろん大きなパイ皿でひとつに焼いても OK。パイのサイズや形に決まりはないので、おうちにあるグラタン皿や使い捨てのアルミ皿など、オーブンに入れられるものならなんでも大丈夫です。気軽にどんどんパイ料理にチャレンジしてみてくださいね。

Ingredients

12×15cm 楕円形パイ皿 4台分
または直径22cmパイ皿 1台分

ショートクラストペストリー（基本の2倍量）

A │ 薄力粉…400g
  │ 塩…小さじ1/2

無塩バター…200g
冷水…大さじ6〜8

フィリング

鶏胸肉…330g（ひと口大にカット）
白ワイン…大さじ2
タイム（生）…小さじ2（葉のみ）
玉ねぎ…正味180g（スライス）
にんにく…1片（みじん切り）
マッシュルーム…150g（スライス）
無塩バター…40g
薄力粉…大さじ3
牛乳・チキンストック…各100ml
生クリーム（乳脂肪分40%前後）…大さじ2
塩・黒こしょう・ナツメグ・植物油…適量

卵（仕上げ用）…適量

Preparation

オーブン予熱200℃
型にバターを薄く塗る

Recipe

1 P46を参照してショートクラストペストリーを作ります。

2 植物油大さじ1を熱した鍋で鶏肉を中まで火が通る程度に炒め、塩少々とこしょう、タイム、白ワインを加えて味を調え、取り出しておきます。

3 同じ鍋に植物油大さじ1を熱し、玉ねぎとにんにくをしんなりするまで炒め、マッシュルームを加えてさらに軽く炒めます。

4 ③にバターを加えて溶かし、薄力粉を振り入れて軽く炒めたら、牛乳とチキンストックを加え、混ぜながらとろみがつくまで数分加熱します。②の鶏肉と生クリームを加えてひと煮立ちさせ、塩小さじ1/2、たっぷりのこしょうとナツメグを加えて味を調えます。バットや器にあけて完全に冷ましておきます。

5 ①の生地を3mm厚さで型よりひと回り大きいサイズにめん棒で伸ばし（必要なら打ち粉をしながら）、型に敷いて④のフィリングを詰めます。ペストリーのふちに溶いた卵を薄く塗り、同じく3mm厚さに伸ばした残りのペストリーで蓋をします。余分なペストリーはナイフでカットして、フォークや指でしっかりと口を閉じます（P54参照）。

6 溶き卵を上にハケで塗り、中央にナイフで空気穴を数か所あけます。200℃のオーブンで25分ほどこんがり焼き色がつくまで焼きましょう（大きな型で焼く場合は45分ほど）。

Tips

＊フィリングは完全に冷ましてからパイに詰めます。
　温かいうちに詰めるとペストリーのバターが溶け出して中央が陥没したり、きれいに焼けなくなってしまいます。

＊大きく焼く場合、残りのペストリーで葉っぱなどの飾りを作って貼りつけても（P55参照）。

Apple, camembert & walnut tart

~アップル・カマンベール＆ウォルナッツタルト~

ラ　ラフパフペストリーの一番お手軽でかつちょっとしたおもてなし風にも見える使い方です。5mm程度の厚さでお好きなサイズに伸ばしたペストリーに、これまたお好きなものをのせて焼くフラットなオープンパイ。周囲に切り込みを入れることで額縁を作り、その内側にフィリングを詰めて焼きあげます。焼きあがったら小さめにカットしてオードブルにするもよし、大きくカットしてサラダと共にサーブすれば、軽いランチにもなります。洋なしとチョコレートをのせて焼き、熱々にアイスクリームを添えれば幸せなデザートまで♪

Ingredients

約13×28cmのパイ 2台分

ラフパフペストリー

A 薄力粉…125g
　 強力粉…100g
　 塩…小さじ1/3

無塩バター…150g
冷水…100〜120ml

フィリング

りんご…1個（薄いくし形にカット）
カマンベールチーズ…125g（くし形にカット）
くるみ…40g（粗刻み）
チャツネ…大さじ5〜6（市販品またはP31参照）
フレークソルト（あれば）・黒こしょう…適量

仕上げ用

タイム（お好みで）…少々

Preparation

オーブン予熱200℃
天板にオーブンペーパーを敷く

Recipe

1　P48を参照してラフパフペストリーを作ります。

2　ペストリーを半分にカットし、それぞれを15×30cmくらいにめん棒で伸ばします（または5mm厚さで、お手持ちの天板に入るサイズ）。周囲を少し切り落として形を整え、天板にのせます。端から1.5cmのところにぐるりと、ナイフで浅く（ペストリーの厚みの半分くらいまで）切り込みを入れます。その線の内側にフォークで穴をたくさんあけます。

3　200℃のオーブンで10分空焼きします。

4　一度取り出し、中央の膨らんだ部分を軽く押しつぶし（やけどに注意）、チャツネをところどころに分けて落とします。りんごとチーズ、くるみを散らし、塩とこしょうを軽くふります。オーブンに戻したら、さらに15分、ペストリーのふちがきつね色になるまで焼きます。仕上げにお好みでタイムを散らして完成。

Variation

りんごを洋梨に、カマンベールチーズをブルーチーズに代えると、また大人の味になります。チャツネの代わりにバジルペーストやタプナード、トマトにモッツァレラチーズなど、お好きな組み合わせで楽しんでください。

Tips

＊チャツネがないときは、いただく際にイチジクのジャムや蜂蜜などを少し添えてもいいでしょう。
＊時間がなければ市販のパイシートを使っても。

Asparagus mini tarts

～アスパラガスミニタルト～

イギリスではアスパラガスも人気の野菜のひとつ。シーズンがやってくるとコッツウォルズ近くのEveshamの町では、アスパラガス祭りも開かれます。新鮮なアスパラガスはシンプルにサッと茹でるか焼くかして、溶かしバターやレモン、ポーチドエッグをのせて食べるのが人気です。

そんなイギリスらしい食べ方をパイにしたのが、このタルト。サワークリームにレモンと卵黄のソースが、アスパラガスにぴったりです。ミントもお好みで加えると、さらに爽やかさUP。厚みだけ均一にすれば、パイの形に決まりはありません。ペストリーを伸ばしたときの形と気分で作るのも楽しいですよ。

Ingredients

10cm×10cmなら6個分
（好みのサイズで）

ラフパフペストリー

A 薄力粉…125g
   強力粉…100g
   塩…小さじ1/3

無塩バター…150g
冷水…100〜120ml

フィリング

アスパラガス…12〜15本（固茹で）
パルメザンチーズまたはペコリーノチーズなど
…50g

B 卵黄…1個
   サワークリーム…100g
   レモンの皮（すりおろし）…1/2個分
   ミント（好みで）…小さじ1（みじん切り）
   塩・黒こしょう… 少々

卵（仕上げ用）・フレークソルト（なければ普通の塩）・パルメザンチーズまたはペコリーノチーズなど…適量

Recipe

1 P48を参照してラフパフペストリーを作ります。

2 ペストリーを5mm厚さに伸ばします（必要なら打ち粉をしながら）。ナイフで好みのサイズにカットして（抜型で丸く抜いてもOK）天板にのせます。ふちから1cmほどのところに、ナイフで浅く（ペストリーの厚みの半分くらいまで）切り込みを入れ、その線の内側にフォークで穴を沢山あけます。

3 200℃のオーブンで10分焼いて取り出し、中央の膨らんだ部分を軽く押しつぶします（やけどに注意）。

4 溶き卵をふちに塗ります。Bを混ぜ合わせ、塩とこしょうで味を調え、空焼きした③の内側に少量のせます。アスパラガスを並べて、フレークソルトをほんの少しふり、チーズを薄く削って散らしたらオーブンに戻したら、さらに15分、ペストリーのふちがきつね色になるまで焼きます。仕上げにチーズを少量散らします。

Preparation

オーブン予熱200℃
天板にオーブンペーパーを敷く

Variation

P78のように大きなタルトにするとよりお手軽に。

Red onion marmalade galette
～レッドオニオンマーマレードガレット～

ガレットというと、ブルターニュ地方で有名なそば粉のクレープをイメージしますが、イギリスでは甘いもの・セイボリーもの問わず、型を使わないフリーフォームスタイルのタルトのこともそう呼びます。気楽に作れるのはもちろん、タルト型を使うものよりラフで気取らない雰囲気が、お洒落だと人気があります。

ここでは即席オニオンマーマレード（玉ねぎだけで作るチャツネの一種）を作り、チーズ入りのペストリーで包みましたが、プレーンなショートクラストペストリーでもOK。シックな見た目と深い味わいは、大人の女性向け。秋冬には赤ワインと、春夏には冷えた白ワインのお供にぜひ。

Ingredients

直径23cm 1台分

チーズショートクラストペストリー

A | 薄力粉…200g
　 | 塩…小さじ1/4

無塩バター…100g
チェダーチーズ（ほかのチーズでも）…50g
（細かくおろす）
冷水…大さじ3〜4

フィリング

紫玉ねぎ…正味500g（薄くスライス）
無塩バター…25g

B | きび砂糖…大さじ2
　 | 赤ワインビネガー…大さじ3
　 | シェリー酒または赤ワイン…大さじ2

カードチーズ＊（またはカッテージチーズ）…
適量（省略可）
卵（仕上げ用）・塩（できればフレークソルト）
…適量

＊カードチーズの作り方はP140

Preparation

オーブン予熱180℃
天板にオーブンペーパーを敷く

Recipe

1 P46を参照してショートクラストペストリーを作ります（手順1でチーズを加えます）。

2 厚手の鍋を中火にかけてバターを溶かし、玉ねぎと塩小さじ1/3を加え軽く混ぜて蓋をします。時々混ぜながら玉ねぎがしんなりするまで12〜15分蒸し焼きにします。蓋を外してBを加えて混ぜながら炒め、水分がほぼなくなったら火を止めて冷ましておきます。

3 ①の生地を5mm厚さ直径33cmの円形に伸ばし、オーブンペーパーの上にのせます。ふちから5cm内側に②の玉ねぎを広げ、塩ひとつまみをふりかけて、周囲を内側に折り重ねます。ふちの部分に溶いた卵を塗り、180℃のオーブンで40〜45分、ペストリーにきれいな焼き色がつくまで焼きます。お好みで最後にカードチーズを散らします。

Tips

＊カードチーズの代わりにゴーツチーズ（ヤギ乳のチーズ）をのせて食べるのもおすすめです。
＊紫玉ねぎが手に入らなければ、普通の玉ねぎでも作れます。

Tomato galette

〜トマトガレット〜

ストリーの中からのぞく、鮮やかなトマトの色が食欲をそそるガレット。前ページのオニオンマーマレードのガレットが大人の味なら、こちらはピザのように大勢でワイワイ頬張りたい元気な味。

「セイボリーのタルトは食べたいけれど型に敷くのが苦手で……」「うちには小さなタルト型しかないのよね」そんな方にもおすすめ。慣れてきたらフィリングもペストリーもアイディアのおもむくまま、休日にお子さんと一緒に、お友達が来てから一緒に作っても楽しいですよ。気楽に自由に楽しんでほしいガレットです。

Ingredients

直径23cm 1台分

ハーブショートクラストペストリー

A 薄力粉…200g
 塩…小さじ1/4

無塩バター…100g
エルブドプロヴァンス＊…小さじ1
冷水…大さじ3 〜 4

フィリング

トマト…中3 個
プチトマト…10 個(あればカラフルなもの)
クリームチーズ…120g
バジルペースト…小さじ2 〜 3
バジルやオレガノ…（あれば少々）
塩（あればフレークソルト）・黒こしょう…適量

卵（仕上げ用）…適量

＊タイム・ローズマリー・セージなどのドライハーブミックス。なければお好みのドライハーブや刻んだフレッシュハーブでお試しを。

Preparation

オーブン予熱180℃
天板にオーブンペーパーを敷く

Recipe

1 P46を参照してショートクラストペストリーを作ります。(手順1でハーブを加えます)。

2 トマトは1cm程度の輪切りに、プチトマトは半割にし、キッチンペーパーに挟んで何度かペーパーを替えながら、しっかり水気を切ります。

3 ①の生地を5mm厚さ直径33cmの円形に伸ばし(必要なら打ち粉をしながら)、オーブンペーパーの上にのせます。ふちから5cm内側にクリームチーズを塗り広げ、バジルペーストをのせます。

4 ②のトマトを隙間なくチーズの上に並べたら、塩と黒こしょう少々をふりかけ、周囲を内側に折り重ねます。ふちの部分に溶いた卵を塗り、180℃のオーブンで45分ほど、ペストリーにきれいな焼き色がつくまで焼きます。仕上げにバジルやオレガノの葉を散らしても。

Variation

バジルペーストの代わりにタプナード、あるいは刻んだアンチョビやケイパーなどを散らしても。

Tips

トマトの水切りはしっかりと。

Beetroot tart tatin

~ビーツのタルトタタン~

タルトタタンといえば、キャラメライズドされたリンゴがぎっしり詰まったフランスの美味しいデザート。でも、イギリスのセイボリーバージョンも捨てたものではありません。玉ねぎのものが最も知られていますが、同じく甘みのある野菜、ビーツで作るとさらに食感と食べ応えの増したタルトになります。

近頃は日本のスーパーの野菜売り場でも、イギリスと同じように真空パック入りのビーツを見かけるようになりました。生のビーツから作るのは少々手間ですが、これならお手軽。真空パック入りなら日持ちもするので、スープにフムス（P142）にと、常備しておくととっても便利なお野菜です。女性に嬉しい栄養素たっぷりのビーツタルトは、お肉なしでも満足感のあるボリュームですよ。

Ingredients

直径13cmタルト型 3台分
または 直径21cmタルト型 1台分

ショートクラストペストリー

A│ 薄力粉…200g
 │ 塩…小さじ1/4

無塩バター…100g
冷水…大さじ3〜4

フィリング
紫玉ねぎ…大1個（約270g）
ビーツ（水煮）…500g
無塩バター…20g

B│ ブラウンシュガー…大さじ2
 │ バルサミコ酢…大さじ2

タイム（生）…小さじ2（葉のみ）
塩・黒こしょう…適量
お好みでチーズ（ゴーツチーズ・カードチーズなど）

Preparation

オーブン予熱190℃
型の側面からからはみ出すように
オーブンペーパーを敷く

Variation

ペストリーはラフパフペストリー（P48）でも。

Recipe

1 P46を参照してショートクラストペストリーを作ります。

2 玉ねぎは12等分程度のくし形に、ビーツは厚み2.5cm程度のくし形にカットします。フライパンにバターを溶かして、玉ねぎを中火で7〜8分ほど軽く焦げ目がつくくらいまで炒めます。Bを加えて約5分、中火でとろりとする程度に煮詰め、ビーツを加えてさらに5分ほど炒めて水分を飛ばします。塩、黒こしょう、タイムを加えて味を調えます。

3 型に②のビーツを先に平らに並べ、次に玉ねぎをその隙間を埋めるようにのせます。

4 ①のペストリーを厚さ4mm程度で型より一回り大きな円形に伸ばし（必要なら打ち粉をしながら）、フォークで軽く空気穴をあけます。③の上にのせて、ビーツを包むように周囲の生地を型の側面に折り込みます。

5 190℃のオーブンで35分ほど、ペストリーに焼き色がつくまで焼きます。3分ほど置いたら皿にひっくり返し、ペーパーを外します。お好みでゴーツチーズ（やぎ乳のチーズ）やカードチーズ（P140参照）などを散らして。

メルトンモウブレイのポークパイ

　Melton Mowbrayといえば、「あ～ポークパイのね」とすぐに返事が返ってくるほど、イギリスでは有名な名前。それがどこにあるかは知らなくとも、美味しいポークパイで有名な町であることはみんなが知っています。

　「ポークパイ」はラードで作るペストリーに、豚肉をぎゅうぎゅうに詰め込んで焼き上げるパイのこと。フィリングとペストリーの隙間にはゼリー状のストックが詰まっているので、温めずに食べるピクニックランチなどにも人気のセイボリーフード。イギリス中でポークパイは売られていますが、PGI（Protected Geographical Indication 地理的表示保護）に認定されているため、「メルトンモウブレイポークパイ」を名乗れるのは、定められた製法と材料と地域で作られたものだけです。

　見た目の特徴としては、ペストリーが樽のように外側に膨らんでいる点。これは焼き型を使わない「ハンドレイズド」という製法で作るからで、専門店では木で作ったドリー（P51下段中央写真の木製の道具）と呼ばれる道具で生地を形作ります。

　この町で一番有名なのが、Dickinson & MorrisのYe Olde Pork Pie Shoppe。1851年創業の一番古いポークパイ屋さんといわれています。ちょっとひしゃげた可愛らしいお店には、大小さまざまなポークパイのほかに、目移りするほどのセイボリーパイたちが並んでいます。ポークパイも通常のもの以外に、クランベリーゼリーやりんご、スティルトンチーズがのったものまで、どれもこれも美味しそう！ここで売られている「メルトンハントケーキ」というフルーツケーキも有名です。

　ところで、この地でポークパイ作りが盛んになったのにはいくつか理由があります。この辺りはスティルトンチーズの産地でもあるのですが、そのチーズ作りで大量にできる副産物、ホエイを養豚に利用していたため、昔から豚の飼育がとても盛んだったということ。また18世紀後半から19世紀初頭にかけて、この辺りはイギリスでも有数のフォックスハンティングのメッカ、ポークパイは野山を激しく馬で駆けめぐる狩りで携帯するお弁当にぴったりだと、ここを訪れるハンターたちの人気を呼んだのです。

　折りしも猟の季節は秋冬、1年大

事に育てた家畜を屠る季節、ポークパイをせっせと作る季節と重なっていたのでした。

　焼き型を使わずに作るメルトンモウブレイのポークパイは、焼いたあと普通のパイより余計にペストリーと肉の間に隙間ができます。この間に空気があると肉の長期保存には不向きなので、肉をとったあとの骨を濃く煮出してとったストックを流し込んで冷やし固めることにより空気を押し出し、より長期保存を可能にしています。こ

のゼリーのおかげで隙間がなくなり、狩りの途中落としてしまってもペストリーが壊れにくいという利点もあったのだとか。美味しいうえに、日持ちして持ち運びにも最適、しかもここは当時往来も賑やかな街道沿いの町、これはイギリス各地に送られ広まっていったのも当然の話です。

　そういえば、メルトンモウブレイの町で楽しんだアフタヌーンティーには、サンドイッチのほかにカットしたポークパイもついており、普段は武骨に見えるポークパイが、ちょっとおしゃれに見えました。冷たいまま食べるポークパイのよさが活きる使い方です。軽食やピクニック、おつまみとしてだけでなく、お茶のシーンにも上手にセイボリーフードを活用していけると、より楽しみ方が増えそうですね。

Savoury turnovers
～セイボリーターンオーバー～

タ ーンオーバーとは、その名のとおりペストリーをパタンと折りたたんで焼いたもの。甘く煮たりんご入りのアップルターンオーバーは、イギリスのベイカリーの定番。ほかにもジャムやチョコレートなど甘いもののイメージでしたが、近頃はハムやチーズ入りなどセイボリーものもよく見かけます。

手で持ってパクリと食べられるターンオーバーは、ピクニックにもピッタリ。サンドイッチに飽きたら、次はターンオーバーのお弁当はいかが？　ハムでもチーズでも野菜でも、フィリングはお好きなものを詰め込んで。

Ingredients

8個分

ラフパフペストリー

A｜薄力粉…125g
　｜強力粉…100g
　｜塩…小さじ1/3

無塩バター…150g
冷水…100〜120ml

フィリング
スモークサーモン…120g
クリームチーズ…120g
パセリ・黒こしょう…お好みの量

卵（仕上げ用）…適量

Preparation

オーブン予熱200℃
天板にオーブンペーパーを敷く

Recipe

1 P48を参照してラフパフペストリーを作ります。

2 ペストリーを半分にカットし、それぞれを4mm厚さ、20×20cmより少し大きめにめん棒で伸ばします（必要なら打ち粉をしながら）。周囲を少し切り落として形を整え、それを10×10cmの正方形4つにカットします。

3 生地の周囲に溶き卵を少し塗り、片側にスモークサーモンとクリームチーズを15gずつのせ、パセリと黒こしょう少々をふり、三角形になるよう折りたたみます。閉じ目の部分をフォークでしっかり押さえて天板にのせます（できればここで冷蔵庫で30分ほど休ませます）。卵を表面にハケで塗り、ナイフで上部に小さな切込み（空気穴）を入れます。
200℃のオーブンで全体にきれいな焼き色がつくまで20分ほど焼きます。

Variation

*バターでソテーしたマッシュルームなどのきのこ類 ＋ クレームフレッシュ（またはサワークリーム）
*ベドフォードシャークランガー（P104）のフィリング（セイボリーフィリング or スイートフィリング）
*カマンベールチーズ ＋ クランベリー

Tips

時間と体力節約のため、時には市販の冷凍パイ生地を使うのもありです。

Sausage rolls

～ソーセージロール～

ギリスでは、子どもから大人までみんなが大好きなソーセージロール。ベイカリーやファストフードで売っている大きなものはランチや軽食にガブリとかじりつく用、スーパーのお総菜コーナーのミニサイズはパーティーなどの人が集まるときにつまむ用。ここでは、その中間サイズをご紹介します。ひとつでお腹いっぱいになってしまっては、ほかの美味しいものが食べられなくなってしまいますから。

ここでは中身のソーセージフィリングも手作りしますが、一度作ってみると、ちょうどいいサイズの美味しいソーセージを探すほうがよほど手間なことに気づくはず。とはいえ、イギリス人も市販のソーセージと冷凍のパイ生地で作ることも多々あります。その辺は臨機応変に。

Ingredients

8本分

ラフパフペストリー（基本の2/3量）

A │ 薄力粉…75g
　│ 強力粉…75g
　│ 塩…小さじ1/4
　│ 無塩バター…100g

冷水…65〜80ml

フィリング

豚ひき肉…350g
ベーコン…50g（みじん切り）
マスタード…小さじ2
生パン粉…50g
タイムまたはセージ（生）…小さじ2（みじん切り）
ナツメグ…小さじ1/3
塩…小さじ2/3
黒こしょう…少々

卵（仕上げ用）…適量

Preparation

オーブン予熱200℃
天板にオーブンペーパーを敷く

Recipe

1 P48を参照してラフパフペストリーを作ります。

2 フィリングの材料全てをボールに入れ、手でよく練ります。4つに分けてラップで包み、25cm程度の棒状に整えます。

3 ペストリーを4分割し、それぞれを13×25cmほどに伸ばします（必要なら打ち粉をしながら）。
②のフィリングをのせてくるりと巻き、巻き終わりに溶き卵を少量塗り、つなぎ目が下にくるように整えます。冷蔵庫または冷凍庫に入れて、生地が固くなる程度に冷やします。

4 ③を半分にカットして天板に移し、表面に溶き卵を塗り、浅く数本切り込みを入れます。200℃のオーブンで30分ほど、こんがり焼き色がつくまで焼きます。

Veggie sausage rolls
～ベジソーセージロール～

ジタリアンバージョンのソーセージロールというとどうしても、今ひとつ味が足りないものが多い中、これは見ため・味ともに、お肉バージョンと同等レベル。ヘルシーだから選ぶのではなく、美味しいから、食べたいから選ぶ、そんな体も心も落ちつけるプラントベースの食事を求める人が多い今のイギリス。日本にもその波が届きつつあります。こちらでも定着し、手作り用の材料も既製品も選択の幅が広がると嬉しいですね。

Ingredients

ひとくちサイズ 24個分

ラフパフペストリー（基本の2/3量）

A | 薄力粉…75g
強力粉…75g
塩…小さじ1/4

無塩バター…100g
冷水…65 〜 80ml

フィリング
玉ねぎ…100g（1cm角）
にんにく…2片（みじん切り）
マッシュルーム…120g（スライス）

B | キドニービーンズ（水煮）…180g
パルメザンチーズ…30g（おろして）
マスタード…小さじ2
生パン粉…70g
セージやタイムなど好みのハーブ（生）
…大さじ1（ドライなら小さじ1）
ナツメグ…小さじ1/3
塩…小さじ1/2
黒こしょう…少々

ブルーポピーシードまたは白ゴマ…適量
溶き卵（仕上げ用）・オリーブオイル…適量

Preparation

オーブン予熱200℃
天板にオーブンペーパーを敷く

Recipe

1 P48を参照してラフパフペストリーを作ります。

2 フライパンにオリーブオイル大さじ1を熱し、玉ねぎがしんなりするまで炒めます。
にんにくとマッシュルームを加えて軽く炒め合わせ、フードプロセッサーに移します。Bを加えて全体がひき肉程度の粗さになるまで撹拌します。4等分してそれぞれラップに包んだら、24cm程度の棒状に整えます。

3 ペストリーを4分割し、それぞれを12×24cmほどに伸ばします（必要なら打ち粉をしながら）。
②のフィリングをのせてくるりと巻き、巻き終わりに溶き卵を少量塗り、つなぎ目が下にくるように整えます。冷蔵庫または冷凍庫に入れて、生地が固くなる程度に冷やします。

4 ③を6等分にナイフでカットして天板に移し、表面に溶き卵を塗り、あればポピーシードを散らします。200℃のオーブンで25分ほど、こんがり焼き色がつくまで焼きます。

Tips
フィリングはフードプロセッサーで細かく砕きすぎると水っぽくなるので、粗めでストップしてください。

Pork pie

〜ポークパイ〜

ポークパイ、なんてシンプルな名前なのでしょう。ケーキのように大きなものから、数口で食べきれそうな小さなものまでサイズはいろいろですが、中にはハーブやスパイスで味つけされた豚肉がぎっしり詰まっています。

特徴的なのは、その艶のある固いしっかりとしたペストリー。これがホットウォータークラストペストリー（P50）と呼ばれる、ラードで作るイギリス独特の生地です。油脂を溶かしたお湯で作る不思議なパイは、もうひとつ不思議なことに、決して温め直さないパイ。ボリューミーだけれどディナーのメインとして出ることはなく、スナックやパーティーフーズ、ピクニックなど外での食事にも登場する、実にイギリスらしいパイです。

Ingredients

マフィン型12個分
または直径12cm丸型1台分＋マフィン型
サイズ7〜8個分

ホットウォータークラストペストリー

A │ 薄力粉…225g
　│ 強力粉…225g
　│ 塩…小さじ1

ラード…150g
（またはラードと無塩バター半分ずつ）
冷水…200ml

フィリング

豚赤身肉…400g（粗刻み）
豚赤身ひき肉…200g
ベーコン…150g（粗刻み）
セージ・パセリ・タイムなど好みのハーブ（生）
…小さじ2（みじん切り）
ナツメグ・オールスパイス・黒こしょう
…各小さじ1/2
塩…小さじ1

ストックジェリー（お好みで）

チキンストックキューブ…1個
水…200ml
板ゼラチン…5g

卵（仕上げ用）…適量

Preparation

オーブン予熱190℃
型に細長くカットしたオーブンペーパーを
敷いておく（P98参照）

Recipe

1. フィリングの材料全てを手でよく混ぜ合わせ、冷蔵庫に入れておきます。

2. P50を参照してホットウォータークラストペストリーを作ります（冷めきる前に使います）。

3. ②のペストリーの1/3量を蓋用にとりおき、冷めないようビニール袋に入れてから布などでくるんでおきます。まずはペストリーの一部を丸めて5mm厚さにめん棒で伸ばします。型よりひと回り大きな抜型で抜き、型に敷き詰めます（大きな型を使う場合は抜型は使わず、型よりひと回り大きなサイズになるよう丸くめん棒で伸ばします）。

4. ①のフィリングをペストリーのふちから5mm下くらいまでしっかり詰めます。

5. 取り分けておいたペストリーを伸ばし、型の口径よりほんの少し大きな抜型でカットして蓋を作ります。中央に直径1cm弱程度の空気穴をあけます（絞り口金を使うと便利）。ベースのペストリーのふち部分に溶き卵を少し塗ってから蓋をし、しっかりとクリンピングします（P54参照）。

6. 190℃のオーブンで15分、170℃に温度を落として40分焼きます（大きなものはさらに15分ほど）。
   途中40分ほど焼いたところで一度オーブンから取り出し、型からそっと外してオーブンペーパーを敷いた天板に直接のせます。仕上げ用の卵を全体にハケで塗り、すぐにオーブンに戻してさらに焼き続けます。焼けたら、完全に冷めるまでしばらくおいておきましょう。

7. お好みでストックジェリーを作ります。ゼラチンを冷水につけてふやかしておきます。小鍋にお湯を沸かし、ストックキューブを入れて溶かし、味を見て塩気が足りないときは塩少々を加えます。ゼラチンの水気を絞って加え、溶かします。ジェリー液が室温になるまで冷めたら、完全に冷めたポークパイの上部の穴からジェリーをそっと注ぎ入れます（じょうごを使うと便利）。冷蔵庫で数時間、できれば一晩冷やし固めます。

＊小さなポークパイにはジェリーが入るスペースがないことも多いので、省略してかまいません。

＊一つの大きな型で焼くときなど、中まで焼けているか確かめたいときは、食品用のデジタル
　温度計を差し込み、中心部が75℃になっていることを確認すると安心です。

＊型はマフィン型ではなく、ひとつひとつ焼ける同じようなサイズのプリン型も便利です。

＊小さな型を使うときは生地は薄めに、大きく焼くときはちょっと厚めにするようにしましょう。

Picnic pie
〜ピクニックパイ〜

決まったスタイルがないのが、ピクニックパイ。ピクニックに持って行けるようしっかりした固さのペストリーの中に食事的な要素のあるボリューミーな具が入り、温めずに皆で楽しくシェアするパイ、そんなところでしょうか。ケーキのように大きな円形のこともあれば、ローフ型もあります。最近はショートクラストペストリー（P46）で作るものもあるけれど、伝統的にはホットウォータークラストペストリー（P50）。フィリングはポークのみだとポークパイと呼ばれてしまうので、それ以外。鶏肉や豚肉のミックスだったり、ハムや卵が入ることもあります。それをカットしたときにきれいな層になるよう重ねて入れることもあれば、一種類の具を詰めることも。ちょっぴり手間はかかりますが、みんなの笑顔と爽やかな空の下の食事を想像すると作る気が湧いてくる、そんなパイです。Let's give it a try!!

Ingredients

20×7×高さ6cm パウンド型 1台分

ホットウォータークラストペストリー（基本の2/3量）

A｜ 薄力粉…150g
　　 強力粉…150g
　　 塩…小さじ2/3

ラード…100g
（またはラードと無塩バター半分ずつ）
水…130ml

フィリング

B｜ 豚赤身ひき肉…350g
　　 生パン粉…大さじ3
　　 タイム（生）…小さじ1（葉のみ）
　　 ナツメグ・ジンジャーパウダー
　　 …各小さじ1/3
　　 塩…小さじ1/2
　　 こしょう…少々

C｜ 鶏胸肉…200g（ひと口大そぎ切り）
　　 レモンの皮のすりおろし…1/2個分
　　 パセリ…大さじ1（みじん切り）
　　 塩…小さじ1/5
　　 黒こしょう…少々

ドライアプリコット…80g（半分に開く）

ストックジェリー（お好みで）
チキンストックキューブ…1個
水…200ml
板ゼラチン…5g

卵（仕上げ用）…適量

Preparation

オーブン予熱190℃
オーブンペーパーを型の幅に合わせて2〜3重に折りたたみ、型の前後からはみ出すように敷く

Recipe

1 フィリングを作ります。BとCはそれぞれ手でよく混ぜ合わせ、冷蔵庫に入れておきます。

2 P50を参照してホットウォータークラストペストリーを作ります（冷めきる前に使います）。

3 ②のペストリーの1/3量を蓋用に取り分け、冷めないようにビニール袋に入れてから布などでくるんでおきます。残りを型より少し大きめ（33×23cmくらい）の5〜6mm程度の厚さの長方形にのばして型に敷き詰めます（少し型からはみ出すように）。

4 型の底にBのひき肉のフィリングの半量を敷き詰め、Cの鶏肉のフィリングを均等にのせます。次にアプリコットをその上に並べ、残りのBのフィリングをぴっちり詰めます。

5 取り分けておいたペストリーを5mm厚さ、型の口径サイズよりほんの少し大きめになるように伸ばし、直径1cm程度の穴を3〜4個あけます（絞り口金を使うと便利）。ベースのペストリーのふちの部分に溶き卵を塗り、その上にかぶせて余分をカットし、指でふちをクリンピングします（P54参照）。

6 190℃のオーブンで15分、170℃に温度を落として45分焼きます。オーブンから取り出し、型からそっと外して天板に直接のせます（敷いておいたオーブンペーパーを利用して）。仕上げ用の溶き卵を全体にハケで塗り、すぐにオーブンに戻してさらに30分ほど、全体がきつね色になるまで焼きます（途中表面が焦げすぎるときはアルミホイルでカバーしましょう）。完全に冷めるまで数時間おいておきます。

7 お好みでストックジェリーを作ります。ゼラチンを冷水につけてふやかしておきます。小鍋に水を沸かし、ストックキューブを入れて溶かし、味を見て塩気が足りないときは塩少々を加えます。ゼラチンの水気を絞って加え、溶かします。ジェリー液が室温になるまで冷めたら、完全に冷めたパイの上の穴からジェリーをそっと注ぎ入れます（じょうごを使うと便利）。冷蔵庫で数時間、できれば一晩冷やし固めます。

Variation

＜チキン＆クランベリー＞
下記材料全てをよく混ぜ合わせてからペストリーを敷いた型に詰め込みます。一種類のフィリングなので重ねる手間もなく、よりお手軽にできますよ。
鶏胸肉 400g（2cm角）・ベーコン150g（1.5cm角）・ドライクランベリー 40g・タイムとパセリ（生）各大さじ1・ナツメグとジンジャーパウダー各小さじ1/3・塩小さじ2/3・黒こしょう少々

*焼成後半、肉汁が多く出すぎてペストリーの側面にひびが入りそうなときは、そっとパイを
　傾けて上部の穴から余分な肉汁を注ぎ出すと、ジェリーを入れるスペースがよりできます
　（やけどに注意）。
*中まで焼けているか確かめたいときは、食品用のデジタル温度計を差し込み、中心部が
　75℃になっていることを確認すると安心です。
*ペストリーが余ったら、葉の形などに切り抜き、溶き卵で貼りつけて飾ると豪華になります。

Cornish pasty

〜コーニッシュパスティ〜

パスティはもともと、イギリス南西端コーンウォール地方の郷土食ですが、今ではすっかり全国区。お肉や野菜をぎっしり包み込んだボリューム満点のペストリーは、サンドイッチと並んでイギリス中で人気のファストフードとなっています。

家庭ではショートクラストペストリーやラフパフペストリーで作るレシピをよく見かけますが、ここでは現地のものに近づけた、油脂分控えめで軽い食感の配合のペストリーになっているので、大きくてもあっという間にお腹の中へ。おにぎりと一緒で、お外で食べると倍美味しく感じるパスティ、たまにはバスケットにパスティと紅茶を詰めて、公園ランチでもいかが？

Ingredients

8個分

ペストリー

A 強力粉…450g
　 塩…小さじ3/4

無塩バター・ショートニング…各65g
冷水…180ml

フィリング（チーズ＆オニオン）

じゃが芋…正味300g（5mm厚さいちょう切り）
玉ねぎ…正味400g（1cm角切り）
チーズ…150g（おろしたもの）
パセリ…大さじ1〜2（みじん切り）
マスタードパウダー…小さじ1
塩・黒こしょう・植物油…適量

卵（仕上げ用）…適量

Preparation

オーブン予熱190℃
天板にオーブンペーパーを敷く

Recipe

1 ペストリーを左記の分量で、ショートクラストペストリー（P46）の要領で作ります。

2 じゃが芋は塩少々と水を加えて火にかけ、沸騰後5分でざるにあけておきます。玉ねぎは植物油少々を熱したフライパンで軽くしんなりする程度にソテーします。じゃが芋と玉ねぎをボールにあけ、マスタード、塩、こしょうでしっかり調味し、冷めたらパセリとチーズを混ぜておきます。

3 ペストリーを8等分して丸め、それぞれをめん棒で15cm程度の円形に伸ばします。生地の中央にフィリングの1/8量をのせて半分に折りたたみ、ひだ模様を作りながら口を閉じます。

4 天板にのせ、仕上げ用の溶き卵を全体にハケで塗り、ナイフで1〜2か所空気穴をあけます。190℃のオーブンで約35分焼きます。

Variation

全て4つ分

＜ハム・ピー＆ミント＞
ハムの角切り70g＋茹でグリンピース70g＋玉ねぎ（1cm角ソテーしたもの）70g＋カードチーズ（またはリコッタやカッテージチーズ）70g＋ミントみじん切り少々＋塩・こしょう

＜チキンカレー＞
玉ねぎ（1cm角）100gを軽くソテーし、クミン・コリアンダーパウダー各小さじ½・カレー粉小さじ1½・ケチャップ小さじ1を加えてさらに炒め、クレームフレッシュ（またはサワークリーム）大さじ2を加えて火を止めたもの＋茹でた鶏肉120g（角切り）＋下茹でしたじゃが芋100g（角切り）・茹でたグリンピース50g＋塩・こしょう

＜ほうれん草・ポテト＆チーズ＞
ほうれん草120g（ソテーしたもの）＋好みのチーズ120g＋下茹でしたじゃが芋150g（角切り）＋ナツメグ少々＋塩・こしょう

＜トラディッショナル＞
牛肉200g・じゃが芋200g・玉ねぎ100g（全て1cm角切り）＋塩・こしょう→生のまま包んで焼き込むため焼き時間は50分ほどかかります。

ほかにもチーズ＆ベーコン、チキン＆マッシュルームなどお好みで。

Bedfordshire clanger
〜ベドフォードシャークランガー〜

聞き慣れない名前ですが、これはロンドンから北に向かって50マイルほどのところにある、ベドフォードシャーの郷土食。スエット（P53）を使ったペストリーでフィリングを包んだ、棒状のパイのようなもの。現在よく作られているのは、スエットとバターを半々ずつ使う軽い食べやすいタイプです。

見た目は普通ながら、食べて驚くのがそのフィリング。なんと嬉しいことに、1本の中にお肉などのセイボリーと、りんごなどのフルーツを使った甘いフィリングとの両方が入っているのです。でも中で混ざっちゃいそう？　それが意外と大丈夫。間にペストリーで壁を作るレシピもありますが、なしでも問題ありません。豚肉とりんごなら、こんな組み合わせのお料理もあるくらいですから（P74 ポーク＆アップルパイ参照）、境界線も美味しいのです。

Ingredients

4本分

ペストリー

薄力粉…350g
塩…小さじ1/2
スエット（なければ無塩バター）…80g
無塩バター…60g
卵…1個
冷水…80〜100ml

セイボリーフィリング

豚ひき肉…225g
玉ねぎ…正味160g（みじん切り）
にんにく…1片（みじん切り）
無塩バター…15g

A｜チキンストック…150ml
　｜ウースターソース（できればリーペリンソース）…大さじ1
　｜セージまたはローズマリー（生）…小さじ2（みじん切り）
　｜塩 小さじ…1/3
　｜黒こしょう…少々

スイートフィリング

B｜りんご…正味250g（1cm角切り）
　｜無塩バター…10g
　｜グラニュー糖…25g
　｜レモン果汁…大さじ1
　｜サルタナ…40g

コーンスターチ…小さじ1
シナモン…ひとつまみ

卵（仕上げ用）…適量

Preparation

オーブン予熱200℃
天板にオーブンペーパーを敷く
バターを1cm角にカットし冷やしておく

Recipe

1 ＜セイボリーフィリング＞フライパンにバターを溶かして玉ねぎを軽く炒め、豚ひき肉とにんにくを加えてさらに炒めます。ひき肉に火が通ったらAを加え、水分がほぼなくなるまで中火で煮詰めます。バットにあけて冷まします。

2 ＜スイートフィリング＞鍋にBを入れて蓋をして、中火で6〜7分、りんごが柔らかくなり始めるまで加熱します。シナモンを加え、コーンスターチを水小さじ2で溶いて加え、とろみがついたら火から下ろし、バットにあけて冷まします。

3 ＜ペストリー＞薄力粉と塩をボールにふるい入れ、バターとスエットを加えます。指先でバターをすりつぶしていき、全体をサラサラのパン粉状にします。溶いた卵を加えてざっと混ぜたら、様子を見ながら冷水を加え、テーブルナイフまたはゴムベラで混ぜて生地をひとかたまりにします。軽くこねて生地を4等分します。

4 ③の生地を厚さ5mm、25×15cm程度の長方形に伸ばします（必要なら打ち粉をしながら）。ナイフで余分をカットして形を整え、長辺を手前にして生地の中央に、2/3がセイボリーフィリング、1/3がスイートフィリングになるように置きます。ペストリーのふち部分に溶き卵を少量塗り、手前、サイドの順に折り返します。最後にくるりとフィリングを包み、閉じ目を下にして天板にのせます。

5 表面に溶き卵を塗り、フィリングの区別がつくよう、セイボリーの方には3本、スイートの方には2本切り込みを入れておきましょう。
オーブンの温度を190℃に落とし、35分ほど全体にきれいな焼き色がつくまで焼きます。

ベドフォードシャークランガー

地方の美味しいお菓子巡りの次には、名物セイボリー巡りなんていかがでしょう。南北に長いイギリス、地形や気候によって、産業も採れる農作物もさまざま。もちろん食文化もそれらに影響されるので、地方に行けば特色あるペストリー類がそこかしこに点在しています。

その中のひとつが、ベドフォードシャークランガーです。ベドフォードシャーは、ロンドンから50マイルほど北にあるカウンティ。この地で昔から食べられているクランガーとは、スエットペストリー（P52）でフィリングを包んだ細長いセイボリーのパイのこと。ちょっと大きなソーセージロールのような見た目で、一見スエットペストリーであること以外は何の変哲もなさそうですが、楽しいのがそのフィリング。

美味しいポークフィリングね、なんて食べていると、半分をすぎたころ突然りんごやジャムなどの甘いフィリングが現れるのです。そう、これは1本で二度美味しいダブルフィリング。コーンウォールのコーニッシュパスティ（P102）もその昔、セイボリーと甘いものとのダブルフィリングにすることもあったというから、同じですね。そしてあちらは鉱山で働く人々のお弁当がもととなっていましたが、こちらは農夫たちが丸1日働くためのエネルギー源として持つお弁当だったそう。

当時のそれは、今のものとはかなり様相が違います。今のように2種類のフィリングが入ることはなく、代わりにカランツ入りの分厚いスエット生地で、豚肉をぐるりと包んでひたすら長時間茹でる大きな長い塊。お肉は各家庭の懐具合により、上質の豚肉を入れることができる人もいれば、安いベーコンやガモン、サンデーローストの残り物だったり、時にはじゃが芋や玉ねぎが入ったり……といった具合。茹でたスエットペストリーは本当にずっしりどっしり、すいとんを彷彿とさせる食感ですから、お腹にはかなり溜まって午後の仕事も頑張れたはず。

ちなみにこの Clanger という名の由来は、ノーサンプトンシャーの方言で

clag「がつがつ食べる」という意味か
らきているとする説、茹でたときの生地
が claggy「べとべとねっちりした感じ」
がするからという説、あまりに大きくがっ
しりしているので落としたときに clanger
「ガン！と音がする」から……などなど諸説
あります。

　そんなヘビーなお弁当だったクランガー、
生活様式や嗜好の変化に伴い、いつしか現
代のオーブンで焼かれ、2つのフィリングが入
った姿に変身していました。どうでしょう、ちょっ
と食べてみたくなりませんか。あるいは誰かを驚
かせてみたいような……。

　持ち運びに最適のベドフォードシャークランガー、
次のピクニックのお弁当にぜひ。青空の下、頬張
るクランガーはきっと最高ですよ。

ミニターンオーバー（ジャムやチョコレート＋塗り卵＋グラニュー糖→オーブンへ）

ミニフルーツパイ（お好きなフルーツ＋グラニュー糖→オーブンへ）

ミニソーセージロール（マスタード＋市販のソーセージ→オーブンへ）

With leftover pastry

〜残った生地で〜

残ってしまった半端なペストリー
冷凍するほどの量はないし…
そんな時に作るおやつ

チーズストロー（塗り卵＋塩＋おろしたチーズ→オーブンへ）

セイボリービスケット（塗り卵＋シードやナッツ＋フレークソルト→オーブンへ）

チーズビスケット（塗り卵＋パルメザンチーズ→オーブンへ）

マーマイトパルミエ（P38の要領でマーマイトとチーズをのせて両側から巻いて1cm幅でカット→オーブンへ）

シナモンロール（シナモンシュガーを巻いて1cm幅にカット、粉砂糖を両面にたっぷりふりながらめん棒で薄く伸ばしてオーブンへ）

ケーキやアイスクリームのトッピング

Crackers, Bread and more

クラッカー・パン & その他

　ある程度定番が決まっているソーダブレッド類やペストリー系とは違い、この章は数限りなくある今のイギリスの粉ものの中から個人的によく作る、味もお役立ち度も最高のものをセレクトしました。

　イギリスに住んでいれば、どれもスーパーでぽいっとカゴに入れれば済むかもしれませんが、ここは日本。腕まくりして作るほかありません。でもどれも簡単で、もちろん既製品よりはるかに美味しくできるので、作りがいがあるというもの。

　特にクラッカー類は忙しい朝の朝食に、ヘルシーなおやつに、ワインのお供にと、常備していないと不安になるくらい定番化すること間違いなしです。

Seeded crackers

〜シードクラッカー〜

リスプブレッドやチーズ用ビスケット、セイボリービスケットなどとも呼ばれる、塩味の薄いカリカリとしたクラッカー類。イギリスでは選ぶのに困ってしまうほど、スーパーやデリの棚に並んでいます。

「あまりお腹が空いていないな」なんて日の朝食にしたり、ランチのスープに添えてみたり、おやつにかじったり、夜は夜でチーズやパテに添えたりと、とにかく1日中何かとお役立ちのカリカリスナック。日本ではまだまだ選択肢が少なくて寂しい限りです。

でも大丈夫。一度作ってみると、こんなに簡単なのにどうして今まで作ってこなかったんだろう、きっとそう思うはず。まずは手始めにヘルシーなシードたっぷりのクラッカー。とっても簡単にできるスモークサーモンのパテを添えて召し上がれ！

簡単スモークサーモンパテ：レシピP141

Ingredients

底辺5cm高さ8cmの三角形　約40枚分

A｜　全粒粉…125g
　　　薄力粉…125g
　　　塩…小さじ1/2

無塩バター…50g
ブルーポピーシード…小さじ2
水…90ml
ミックスシード＊…70g

＊パンプキンシード・サンフラワーシード・リンシード・ゴマ・ポピーシード・キャラウェイシードなど、好みのものをミックスして使いましょう。

Recipe

1　Aを全てボールに入れてざっと混ぜ、バターを刻んで加えたら、指先でこすり合わせるようにしてサラサラの状態にします。ポピーシードも加えます。

2　①に水を回し入れて、軽く練ってひとつにまとめます。厚手のビニール袋を切り開いた間に挟んで、めん棒で5mm程度の厚さに伸ばします。表面にハケで軽く水を塗って、ミックスシードを散らし、めん棒でシードを埋め込むようにしながら3mmの厚さまでさらに伸ばしていきます。

3　ナイフで好みのサイズにカットし、天板に移します。170℃のオーブンで20〜25分（サイズによります）、カリッとするまで焼きましょう。

Preparation

オーブン予熱170℃
天板にオーブンペーパーを敷く

Tips

＊焼きあがったあと一度オーブンを開けて熱を逃がし、再度扉を閉めそのまま冷めるまでオーブンに入れておくと、よりパリッとした食感に。
＊水の量は粉の種類によっても変わるので適宜調節してください。

Rosemary crispbread
~ローズマリークリスプブレッド~

　リッとした歯ごたえがたまらないクリスプブレッド。薄く薄く伸ばして熱いオーブンに入れると、ところどころプクプクっと膨らんで、不揃いに焼きあがる様子がまた表情があっていい感じです。

ローズマリーの爽やかな香りは、チーズでもスープでも意外といろいろな食材に合ってくれるので、時間のあるときにでも焼いておくととっても便利。パリパリとカボチャのスープなどに割り入れながら食べると幸せなランチに。ワインに添えるなら、マッシュルームのパテとの相性も最高ですよ。

マッシュルームパテ：レシピ P141

Ingredients

10×4cm 25枚程度

A｜薄力粉…225g
　｜塩…小さじ2/3
　｜ローズマリー（生）…大さじ1（刻んで）

B｜牛乳…60ml
　｜オリーブオイル…大さじ1

水…40 ～ 60ml

トッピング用
オリーブオイル・フレークソルト・ポピーシード
など好みで…適量

Recipe

1 Aを全てボールに入れて、ざっと混ぜます。Bを加えてゴムベラで軽く混ぜ合わせたら、様子を見ながら水を加えてひとかたまりにします。手で軽く練ってなめらかな生地にし、ビニール袋に入れて室温で20分ほど休ませます。

2 生地を2つに分け、それぞれを打ち粉を使いながら、2mm程度になるまでめん棒で薄く伸ばします。トッピングをしたいときは、ここで薄くオリーブオイルを表面に塗り、ポピーシードや塩をふりかけます。

3 ナイフで好みのサイズにカットし、天板に移します。200℃のオーブンで10 ～ 14分ほど（サイズによります）、カリッとするまで焼きあげます。

Preparation

オーブン予熱 200℃
天板にオーブンペーパーを敷く

Variation

ローズマリーを省けばプレーンに、代わりにポピーシードやゴマ、タイムなどを加えても。

Rye crispbread
～ライ麦のクリスプブレッド～

ラ イ麦を使ったクリスプブレッドも、イギリスで人気のクラッカーのひとつ。ここでご紹介する小麦粉とライ麦を半々ずつ使う生地は、グルテンが少ないので伸ばしやすいのが特徴。向こう側の光が透けて見えるくらいまで薄く伸ばしても、意外と破れず扱いやすいのです。ライ麦の独特の香りはクセのある食材にもピッタリ。生ハムやチーズはもちろんのこと、中でもレバーパテとの相性は抜群です。ハーブ香る手作りのレバーパテと赤ワイン、一人ゆっくり秋の夜長に楽しむのも最高の贅沢かもしれません。

チキンレバーパテ：レシピ P142

Ingredients

15×25cm 10枚分

A｜ ライ麦粉…150g
　　薄力粉…150g
　　ベーキングパウダー …小さじ1/2
　　塩…小さじ1
　　ミックスシード＊…大さじ3

B｜ オリーブオイル…大さじ3
　　水…160ml

＊パンプキンシード・サンフラワーシード・リンシード・ゴマ・ポピーシード・キャラウェイシードなど、好みのものをミックスして使いましょう。

Recipe

1　Aを全てボールに入れて、ざっと混ぜます。Bを加え、ゴムベラでひとかたまりにします。手で軽く練ってなめらかな生地にし、ビニール袋に入れて20分ほど室温で休ませます。

2　生地を10個に分け、打ち粉をしながら、それぞれを1mm程度（光が透けるくらい）になるまでめん棒で伸ばし、天板に移します（大体15×25cm程度になるよう伸ばすとちょうどいい薄さになります）。

3　200℃のオーブンで10〜12分ほど（厚さにより前後します）、カリッとするまで焼きましょう。

Variation

1.5mm程度の厚さに伸ばし、ドーナッツ型などにカットして焼くとまた雰囲気が変わります。

Preparation

オーブン予熱 200℃
天板にオーブンペーパーを敷く

Oatcakes
～オーツケーキ～

カ ラスムギを蒸してつぶし、食べやすくしたオートミールは、イギリス（特にスコットランド）の定番朝ご飯。水とちょっぴりの塩を加えて加熱したお粥状のそれは、寒い冬の朝も体を内からポカポカ温めてくれます。栄養に富んだオーツは、ほかにも食べ方は様々。

細かく粉砕してから作るこのオーツケーキは、チーズプラター（チーズとクラッカーなどの盛り合わせ）には欠かせません。またビタミンや食物繊維豊富で腹持ちもいいので、ダイエット中の食事代わりにする人も。でも手作りしたオーツケーキは美味しすぎて、数枚でやめるのは至難の業かもしれません。

お隣の写真ではさらに食物繊維をプラスし、ビーツのフムスを添えています。お友達が来る日なら、加えるビーツの量でグラデーションを作ってちょっぴりお洒落にしてみるのも楽しいですよ。

ビーツフムス：レシピ P142

Ingredients

直径6cm 約20枚分

オートミール…200g

A | 塩…小さじ1/4
　 | ベーキングパウダー…小さじ1/4
　 | 無塩バター…40g

熱湯…75ml

トッピング
ポピーシード・ゴマ・フレークソルトなど
…お好みで

Recipe

1 オートミールをフードプロセッサーにかけて、ある程度粉状になるまで粉砕します。

2 ①にAを加えてサラサラの状態になるまで回します。次に熱湯を加えて回し、ひとかたまりのボール状になったら生地の完成（まとまらないようなら、お湯をさらに大さじ1ほど加えます）。

3 厚手のビニール袋を切り開いた間に挟んで3〜4mmの厚さにのばし、直径6cmの丸型で抜きます。天板に移し、好みでトッピングを散らして上から軽く手のひらで押さえます。180℃のオーブンで20分ほど焼きます。

Variation

少し厚めに伸ばして大きな丸型で抜き、ナイフで4等分にカットして扇形に、あるいは直径4.5cm程度の型で抜きカナッペ用にしても便利です。

Preparation

オーブン予熱 180℃
天板にオーブンペーパーを敷く

Tips

＊生地は冷めると崩れやすくなるので、お湯を加えてまとめたらすぐに、カットしましょう。

＊再度のばすときに崩れてまとめにくいときは、ほんの少しお湯を足して練りなおしましょう。

Seedy oatcakes
〜シードオーツケーキ〜

た くさんのシードと全粒粉の入ったオーツケーキはさらに歯ごたえが増し、ヘルシー感もアップ。ビスケット缶に常備しておきたいアイテムですが、クランブリーな生地を型で抜き、その残りをまた集めて伸ばして……と繰り返すのは結構な手間です。それなら四角くカットしてしまえば、生地を伸ばす手間は一度だけ。オーツケーキの基本形は確かに丸ですが、味が変わるわけではないので、おうち用にはこれで十分と、ズボラな私は思ってしまいます。

このシードたっぷりのオーツケーキにぴったりなのが、スモーク鯖で作るパテ。パテといってもイギリスの家庭で作るそれは、フードプロセッサーで材料をがっと混ぜるだけ。ものの5分で完成してしまいます。近頃はスモークの鯖も手に入りやすくなってきた日本。イギリス食が恋しい方は、オーツケーキと鯖パテのコンビネーション、ぜひお試しを。

簡単スモーク鯖のパテ：レシピ P143

Ingredients

7×4cm長方形 約32枚分

オートミール…125g

A│ 全粒粉…125g
　│ ベーキングパウダー…小さじ1
　│ 塩…小さじ1/2
　│ ミックスシード*…100g

B│ オリーブオイル…75ml
　│ 水…100ml

*パンプキンシード・サンフラワーシード・リンシード・ゴマ・ポピーシード・キャラウェイシードなど、好みのものをミックスして使いましょう。

Preparation

オーブン予熱 180℃
天板にオーブンペーパーを敷く

Recipe

1 オートミールをフードプロセッサーにかけて、ある程度粉状になるまで粉砕します。

2 ①とAを全てボールに入れてざっと混ぜ合わせます。Bを加えて、ゴムベラでひとかたまりになるまで混ぜ合わせます（まとまらないようなら、水を少量加えてください）。

3 厚手のビニール袋を切り開いた間に挟んで4〜5mmの厚さに伸ばし、ナイフで7×4cmまたは好みのサイズにカットします。天板に移し、180℃のオーブンで25分ほど、しっかり乾いた感じになるまで焼きます。

Flatbread

〜フラットブレッド〜

フラットブレッドってイギリスベイキング？　はい、確かにオーブンで焼くわけでもないし、イギリス生まれでもありません、でも、これはおうちで作れると本当にお役立ちなので、どうしてもご紹介したかったレシピのひとつ。イギリスではとてもメジャーな存在で、パブやカフェで出会うのはもちろん、スーパーの棚にも、トルティーヤやピタと並んで置いてあります。日本で滅多に売っていないのは残念だけれど、ことこれに関してはおうちで作るのが一番。イーストを使わずベーキングパウダーで膨らませる、ちょっと焦げ目のついたふんわりソフトなフラットブレッド。とにかくあっという間にできて、中東・アジア・インド・メキシコ・スペイン、どんなエスニック料理にも違和感なくしっくり合います。シンプルでバーサタイル、今日はパンもお米もない！　なんてときにも慌てないですみますよ。

Ingredients

4枚分

A｜薄力粉…300g
　｜ベーキングパウダー…小さじ2
　｜塩…小さじ1/2
　｜グラニュー糖…小さじ1/2

B｜無塩バター（溶かす）…20g
　｜バターミルク（P6参照）…150〜180ml

*写真はクレームフレッシュ大さじ2〜3を塗り広げ、トマトチリジャム大さじ2をところどころに落とし、ヨーグルトとパプリカでマリネしたチキンと、焼いたアスパラガスをのせたもの。お好みで軽く塩（フレークソルト）をふり、コリアンダーを散らします。

Recipe

1　Aを合わせてボールにふるい入れ、Bを加えてゴムベラで混ぜてひとかたまりにします。次に手で4分ほどこねてなめらかな状態にし、ビニール袋に入れて室温に20分ほどおきます。

2　①の生地を4分割して丸め、打ち粉をしながらめん棒で直径18cmほどの円形に伸ばします。温めたグリルパンまたはフライパン（油はひかないでOK）で中火で片面2〜3分くらいずつ焦げ目がつく程度に焼きます。

Tips
*カレーに添えたり、サラダやコロネーションチキン（P143）を巻いたり、食べ方は自由自在。

＜トマトチリジャム＞

チェリートマト缶（400g）ひと缶・玉ねぎ小1個（みじん切り）・にんにく2片（みじん切り）・乾燥唐辛子2本またはフレッシュ唐辛子大2本（種を除いてみじん切り）・生姜1片（みじん切り）・ブラウンシュガーとグラニュー糖各50g・りんご酢100ml 全て鍋に入れ中火にかけ、20分ほど沸騰させて混ぜながら、とろりとしたジャム状になるまで煮詰めます。瓶に入れて冷蔵庫保存します。
時間のないときは市販のスイートチリソースに、湯剥きして種部分を除いたトマトの果肉を小さく刻んだものと、刻んだ唐辛子少々（お好きな辛さに）を混ぜ合わせたものでも。

＜ヨーグルトパプリカチキン＞

プレーンヨーグルト大さじ4、スモークパプリカ・カレー粉・ジンジャーパウダー 各小さじ1、蜂蜜小さじ2、塩小さじ1/2、黒こしょう少々をボールに混ぜ合わせ、筋をとったささみ8本を漬けて冷蔵庫で1時間ほど寝かせます。グリルまたはフライパンで焼きます。

Easy yogurt flatbread
〜お手軽ヨーグルトフラットブレッド〜

こちらは名前のとおり、さらに簡単でお手軽なフラットブレッド。材料も分量も究極にシンプルです。

基本は粉と同じ量のギリシャヨーグルトを混ぜる、そう覚えておけばOK。ベーキングパウダーと塩を加えはしますが、材料はそれだけ。ほとんどこねる必要もなく、形を気にしないのであれば、手でぺたぺた潰して形作ってもかまいません。そんな感じで適当に作った生地でも、不思議といつも美味しいのです。

おすすめは、オーブンでローストした野菜をたっぷりのせる食べ方。野菜は焼いて美味しいものなら基本なんでもOK。ガーリック入りのヨーグルトソースで食べると、野菜だけでもかなり満足感のある食事になります。一度このフラットブレッドを食べてみれば、きっとこれ以外にも、あれも合うね、これも合いそうと、アイディアが色々浮かぶはず。

Ingredients

4枚分

A | 薄力粉…200g
全粒粉…50g
ベーキングパウダー…小さじ2
塩…小さじ1/2

ギリシャヨーグルト…250g

＊写真はヨーグルトソースとロースト野菜をのせたもの。お好みで軽く塩（フレークソルト）をふってパセリなどを散らし、オリーブオイルを回しかけます。

＜ローストベジタブル＞
細くカットした人参・ズッキーニ、くし形にカットした玉ねぎなど、好みの野菜を粒マスタード・はちみつ・オリーブオイル各大さじ1・りんご酢大さじ½・塩こしょう少々の割合で混ぜたもの（野菜の量によって全体量を増やしてください）で和えます。190℃に予熱したオーブンで35〜40分ほど焼きます。

＜ヨーグルトソース＞ 約2枚分
ギリシャヨーグルト100g＋レモンの皮のすりおろし1/3個分＋にんにくのすりおろし小1片＋オリーブオイル小さじ1＋塩こしょう少々＋お好みでコリアンダーやパセリなどのハーブを刻んだもの

Recipe

1 Aを合わせてボールにふるい入れます。ヨーグルトを加えてゴムベラで粉が見えなくなるまで混ぜてひとかたまりにします。べたつくようなら打ち粉をふりながら手で数回軽く練り、ビニール袋に入れて室温に20分ほどおきます。

2 ①の生地を4分割して丸め、打ち粉をしながらめん棒で直径18cmほどの円形に伸ばします。温めたフライパン（油はひかないでOK）で中火で片面2〜3分ずつ焦げ目がつく程度に焼きます。

Tips

＊水分量は使うヨーグルトによって変わるので、ベタつくなら粉を、パサつくならヨーグルトで調節を。
＊ギリシャヨーグルトの代わりに水切りヨーグルトでもOK（キッチンペーパーを2枚重ねて敷いたザルをボールの上に置き、ヨーグルトを入れて冷蔵庫で一晩おいたもの）。

Variation

全粒粉を薄力粉に代えるとよりプレーンな優しい味に。合わせる料理に応じて、生地にイタリアンパセリやコリアンダーなどの刻んだハーブ、あるいはクミンなどのスパイスを混ぜても。

Tortilla wraps

〜トルティーヤラップ〜

日本でも近頃は、薄い小麦粉の皮で野菜やお肉をくるくるっと巻いたラップサンドをよく見かけるようになりましたが、イギリスではもうだいぶ前から市民権を得ており、どこのコーヒーショップでもスーパーでも、サンドイッチが並ぶところには必ずといっていいほど置いてあります。この皮自体は「トルティーヤラップ」、あるいはシンプルに「ラップ」と呼ばれ、スーパーのベイカリーコーナーには、全粒粉入りにシード入りは当たり前、チリ入りにグルテンフリーなどなど、かなりの種類が並びます。これもやはり想像以上に簡単にできるので、ぜひおうちで作ってみて頂きたいもののひとつ。

そして何を包んでも美味しいトルティーヤラップは、ピクニックにもピッタリ。シンプルにサラダやハムや卵などでも十分楽しいのですが、ここではイギリスで人気のファラフェルをのせています。簡単バージョンのビーツ入りファラフェル、お外で頬張ればなお一層美味しく感じるはず。

即席ビーツファラフェル：レシピ P143

Ingredients

6枚分

A｜ 薄力粉…250g
　｜ 塩…小さじ1/3
　｜ ベーキングパウダー…小さじ1/2

オリーブオイル…大さじ1
ぬるま湯…120 〜 150ml

＊写真はビーツのファラフェル（P143）、焼いた茄子、ピクルドオニオン、ヨーグルトミントソースなど。

＜ヨーグルトミントソース＞
プレーンヨーグルト120g、レモンの皮のすりおろし1/2個分、ミント10枚（みじん切り）、お好みでにんにくのすりおろし少々、塩、黒こしょう少々を混ぜ合わせます。

＜ピクルドオニオン＞
紫玉ねぎ小1個のスライス、グラニュー糖小さじ1、りんご酢またはワインビネガー大さじ1を混ぜ合わせて、30分ほど置いておきます。

Variation

薄力粉のうち一部全粒粉に置き換えると、また風味が加わり美味しいです。

Recipe

1 Aを合わせてボールにふるい入れ、オリーブオイルを加えてざっと混ぜ合わせます。

2 ゴムベラで混ぜながらぬるま湯を加え、ひとつにまとめます。なめらかになるまで2 〜 3分手でよくこねてから、ビニール袋に入れて室温に20分ほどおきます。

3 生地を6分割して丸め、打ち粉をしながらめん棒で直径23cmくらいの円形に伸ばします。よく熱したフライパンで片面1 〜 2分ずつ焼きます（油はひかないでOK）。
焼きあがったら乾燥しないよう、すぐに布で包んでからビニール袋などに入れておくと柔らかく保てます。

Tips

＊お好みでサイズを小さくしてもOK。
＊乾燥してしまったら、軽く霧吹きするなどして湿らせてからレンジで数秒温めましょう。

Spinach tortilla wraps

～ほうれん草トルティーヤラップ～

思わず目を奪われるグリーンのラップは、ほうれん草入り。水代わりにたっぷり入るので、なんだかこれだけで元気が出そうなカラーです。合わせたのは、カレーマヨネーズ味のコロネーションチキン。イギリスではサンドイッチの定番の具で、緑に黄色が映えて食欲をそそります。ほかにも、やはりイギリスサンドイッチの大定番エッグ＆クレス（卵サラダとスプラウト）も同じく黄色で、色・味共にぴったりです。
ピクニックにカットしたサンドイッチは、意外と持ち運びが難しいもの。これならフィリングとラップ、別々に持って行けるのであまり気を遣わずに運べます。たっぷり包んで大きな口でかぶりつく、お外ごはんならではの醍醐味です。

コロネーションチキン：レシピP143

Ingredients

6枚分

ほうれん草（葉のみ）…約150〜200g

A｜薄力粉…250g
　｜塩…小さじ1/3
　｜ベーキングパウダー…小さじ1/2
　｜オリーブオイル…大さじ1

水…約大さじ4

Recipe

1 ほうれん草の色が変わる程度にさっと湯通しし、冷水にとります。固く絞って、大きくカットし、100g準備します。

2 フードプロセッサーに①を入れて攪拌し、ある程度細かくなったら、Aを加えてさらに攪拌します。全体がポロポロの状態になったら、様子を見ながら粉っぽさがなくなるまで水を加えて攪拌します。
ひと固まりになったら取り出します。軽く練り、なめらかな状態になったら、ビニール袋に入れて室温に20分ほどおきます。

3 生地を6分割して丸め、打ち粉をしながらめん棒で23cmくらいの円形に伸ばします。熱く熱したフライパンで片面1〜2分ずつ焼きます（油はひかないでOK）。
焼き上がったら乾燥しないようすぐに布で包み、ビニール袋などに入れておくと柔らかく保てます。

Tips

＊お好みでサイズを小さくしてもOK。
＊乾燥してしまったら、軽く霧吹きするなどして湿らせてからレンジで数秒温めましょう。

Cottage loaf
～コテージローフ～

イギリスらしいパンといって、真っ先に浮かぶのがこのコテージローフ。その愛嬌のある姿は、まるで鏡餅。残念なことに今はあまり見かけなくなってしまいましたが、一昔前まではイギリスパンの定番のスタイルでした。

この形になった始まりは、まだオーブンが各家庭に普及する以前、それぞれが家でこねたパン生地を持ち込んでパン屋さんや村共同のオーブンで焼いてもらっていた時代。生地を2つ上に重ねてオーブンのスペースを節約していたからだとか、昔はローフ型が高価だったため型なしで高さのあるパンを焼くために生地を重ねたのだとか、そんな風にいわれています。

ちなみにカットするときは上下をつなげたまま、縦にスライスするのがイギリス流です。

Ingredients

1個分

A｜ 強力粉…400g
　｜ 塩…5.5g
　｜ インスタントドライイースト…5.5g

ラード(または無塩バター)…40g
水…250 ～ 270ml

強力粉(仕上げ用)…少々

Preparation

オーブン予熱210℃
天板にオーブンペーパーを敷く

Recipe

1　Aをボールに入れて軽く混ぜ合わせ、小さく切ったラード(またはバター)を加えたら、指先で粉と油脂をこすり合わせるようにしてサラサラの状態にします。

2　水を人肌程度に温め、①に回し入れて生地をひとつにまとめます。台に取り出し、全体がなめらかになるまで10分ほどよくこねます。

3　ボールに戻したらラップで覆い、温かいところに60分ほどおいて(またはオーブンの発酵機能を使って)、約2倍に膨らむまで醗酵させます。

4　③の生地を取り出してガス抜きし、1/3と2/3に分けてそれぞれ丸め、軽く潰して形を整えます。天板の中央に大きな生地を置き、その上に小さな生地を重ねます。指または木のスプーンの柄に粉をはたき、中央から下までぎゅっと押し込んで上下の生地をくっつけます。よく切れるナイフで上下の生地にそれぞれ8か所くらいずつ縦に切り込みを入れます。天板ごとビニールなどをすっぽりかぶせて40分ほど、温かいところに置いて約1.5倍になるまで、もう一度発酵させます。

5　④の全体に軽く強力粉をふるい、210℃のオーブンで15分、温度を180℃に下げてさらに20分ほど、きれいな焼き色がつくまで焼きます。底を叩いて軽い音がすれば焼き上がり。

Stuffed mini Yorkshire puddings

~ミニヨークシャープディング~

サンデーローストには欠かせないヨークシャープディング。今は温めるだけでOKな冷凍品もたくさん売られていますが、もともとは炉の火であぶられているお肉の下で、肉汁や脂（ドリッピング）が滴り溜まった受け皿の中に直接生地を流して焼いていました。大きなトレー型に焼けたそれを切り分けてお肉の付け合わせにしたり、貧しい家庭ではまずこれでお腹をいっぱいにしてから、少ないお肉を分け合って食べていたのだとか。

これは当時の人たちにとってはビックリの、カナッペ風ヨークシャープディングです。シュー皮のようなプレーンな生地ですから、フィリングはお好みでいかようにも。イギリス好きの友人が遊びに来る日など、こんな目先の変わったおつまみがあったら、きっと喜んでくれるはず。

Ingredients

直径5cmミニマフィン型12個分

A｜ 薄力粉…40g
　｜ 塩…小さじ1/5

卵…1個
牛乳…50ml
黒こしょう…少々
植物油…大さじ2

フィリング

ローストビーフまたはステーキ（ミディアムに焼いて薄切りにしたもの）…適量
スモークサーモン（スライス）…適量

B｜ クレームフレッシュ（なければサワークリーム）…100g
　｜ ホースラディッシュ（チューブ入りのもの）…小さじ1½
　｜ 酢漬けケイパー…小さじ1（みじん切り）

オレガノ・パセリなどの葉・黒こしょう・フレークソルト…少々

Preparation

オーブン予熱 210℃

Recipe

1 Aを合わせてボールにふるい入れます。中央をくぼませたところに卵と牛乳少量を入れて、中央からホイッパーで少しずつ粉を崩すように混ぜていきます。残りの牛乳を少しずつ加えながら溶き伸ばし、全体がなめらかになったら黒こしょうを加え、冷蔵庫で30分ほど休ませます。

2 ミニマフィンパンに小さじ1/2ずつ植物油を入れ、予熱したオーブンに入れて5～10分、油が熱くなるまで熱したら一度取り出し、①の生地を等分に流し入れ（型の半分くらい）すぐにオーブンに戻します。210℃のオーブンで15～18分、全体が大きく膨らんできつね色になるまで焼きます。

3 Bを混ぜ合わせて絞り出し袋に入れ、プディングの中央に絞り出します。ローストビーフまたはスモークサーモンをくるくると巻いて薔薇のような形にしてクリームの上にのせ、好みのハーブを添えます。お好みで黒こしょう、フレークソルトをふって仕上げます。

Tips

熱々に熱した油に生地を流すのが上手に膨らませるポイントです。でもやけどにはくれぐれもご注意を。

Variation

＊生地にハーブや粒マスタードを混ぜても。
＊フィリングはほかにもプローンカクテル（えびのケチャップマヨネーズ和え）や、スモークサーモンパテ（P141）、生ハムとイチジクなど、なんでもお好みのもので。

～本書に登場するお役立ちレシピ集～

Spiced carrot and lentil soup ～スパイスキャロット＆レンティルスープ～ （P15）

1 赤唐辛子1/2本は種を取りみじん切りにし、クミンシード小さじ1½と共に鍋に入れ、香りが出るまで1～2分炒めます。半量はトッピング用に取り出しておきます。

2 鍋にオリーブオイル大さじ1と5mm厚さにカットした人参400ｇを加えて軽く炒めたら、水洗いしたレンズ豆（皮なし）80ｇとコリアンダーパウダー小さじ1，月桂樹1枚、ベジタブルストック750mlを加えます。15分ほど弱火で煮込み、レンズ豆が柔らかくなったら、月桂樹を取り出し火を止めます。

3 ブレンダーまたはミキサーで全体をなめらかなポタージュ状にします。牛乳120mlを加えて火にかけ、塩・こしょうで味を調えます。器に盛りつけたら、プレーンヨーグルト少々をのせ、取り分けておいたクミンシードと唐辛子を散らして完成。

Pea and mint houmous ～グリンピース＆ミントフムス～ （P16）

1 湯通ししたグリンピース（冷凍）200ｇ、水煮ひよこ豆200ｇ（缶詰）、にんにく小1片、白練りゴマ大さじ1、オリーブオイルとレモン果汁各大さじ2、レモンの皮のすりおろし1個分、ひよこ豆の缶汁大さじ2、ミントの葉15枚ほど（お好みで）をフードプロセッサーに入れて、全体がなめらかになるまで撹拌します。塩・こしょうで味を調えます。

Garlic & herb cheese dip
～ガーリック＆ハーブチーズディップ～ （P23）

1 カードチーズ＊（またはカッテージチーズ）180ｇに塩小さじ1/3を加え、なめらかになるまでフードプロセッサーにかけます。次ににんにく1/2～1片とハーブ（パセリ・チャイブ・ディルなど合わせて）大さじ2を加えてよく撹拌し、黒こしょうで味を調えます。

＊カードチーズ：牛乳1Lを鍋に入れて火にかけ、湯気が出る程度に温まってきたら、レモン果汁大さじ3を加えて混ぜます。カードとホエー（水分）に分離したら火を止めてそのまま10分ほど置いてから、目の細かいザルか、ガーゼを敷いたザルを通して水分を切ります。キッチンペーパーを二重に敷いたザルにカードをあけ、冷蔵庫に入れて数時間置きます。途中2回ほどキッチンペーパーを交換して、水分をよく切ったら完成（できあがり量は180ｇ前後）。

Creamy cucumber salad with herb 〜きゅうりとハーブのサラダ〜 (P37)

1 レモンの皮1/2個分のすりおろしと果汁、クレームフレッシュ100ｇ、ディル・チャイブ（刻んだもの）各大さじ1、白ワインビネガー大さじ1、マスタード小さじ1、グラニュー糖小さじ1/2、塩・こしょう少々をボールに混ぜ合わせます。きゅうり400ｇはところどころピーラーで皮を剥き、縦半分にカットしてから1cm弱の幅で斜めにスライスし、ボールに加えて和えます。

＊ミントを加えると爽やかさがUPします。
＊クレームフレッシュの代わりにギリシャヨーグルトでも。

Quick smoked salmon pate 〜簡単スモークサーモンパテ〜 (P111.139)

1 クリームチーズとクレームフレッシュ各75ｇをフードプロセッサーに入れ、なめらかになるまで回します。次にスモークサーモン120ｇ、レモン果汁小さじ1、レモンの皮のすりおろし1／2個分、刻んだディル小さじ2を入れて回し、最後に塩・こしょうで味を調えます（サーモンの食感が残るよう、撹拌しすぎないよう注意しましょう）。

＊クレームフレッシュをサワークリームまたは全量クリームチーズに置き換えても美味しく作れます。

Mushroom pate 〜マッシュルームパテ〜 (P112)

1 フライパンに無塩バター15gとオリーブオイル大さじ1を熱し、玉ねぎのみじん切り120ｇをしんなりする程度にソテーします。マッシュルーム（スライス）150ｇ、マイタケやシイタケなどのきのこ類150ｇ（スライス）、にんにく2片（みじん切り）を加えてさらに炒め、きのこがしんなりしてきたら、シェリー酒（またはブランデー）大さじ1、タイム（みじん切り）大さじ1を加えて1分ほど強火で炒めます。

2 ①をフードプロセッサーにかけてペースト状にし、クリームチーズ125ｇをちぎって加えてさらに撹拌し、なめらかになったら塩・こしょう、パセリ少々を加えて味を調え、ココットなどの器に入れます（冷蔵保存3日）。

＊お好みで、器に入れてから澄ましバター（バターを弱火で溶かしそのまま静かに置いて、上の澄んだ部分を取り出したもの）を表面に流して冷やし固めても。

Chicken liver pate ~チキンレバーパテ~ （P115）

1 鶏レバー200ｇは血の塊や筋を取り除いて冷水で洗い流し、氷水に15分ほど浸したあと、ペーパータオルで水気を切ります。フライパンに無塩バター15ｇを溶かし、レバーの両面に焼き色をつけて取り出します。

2 ①のフライパンにオリーブオイル少々を加えて玉ねぎ160ｇ（みじん切り）とにんにく1片（みじん切り）を入れてしんなりする程度にソテーします。①のレバーを戻し入れ、ブランデー大さじ3とハーブ（タイム・ローズマリーなどのみじん切り）大さじ1も加え、水分が半分になる程度まで中火で煮詰めます。火から下ろして粗熱をとります。

3 ②をフードプロセッサーにかけてペースト状にし、小さくカットした無塩バター80ｇを少しずつ加えながら攪拌します。最後に塩小さじ2/3と黒こしょう少々を加えて味を調え、ココットなどの器に入れます。一度冷蔵庫に入れて表面が固まったら、澄ましバター（P141マッシュルームパテ参照）適量を表面に流し蓋をして、冷蔵庫で保存します（冷蔵保存3日）。

＊よりなめらかにしたいときは③でバターを加え味を調えたあと、濾し器で濾してから器に入れます。

Beetroot houmous
~ビーツフムス~ （P117）

1 水煮ひよこ豆200ｇ、にんにく1片、茹でたビーツ80ｇ、白練りゴマ・オリーブオイル各大さじ2、レモン果汁大さじ2½、塩・こしょう少々をフードプロセッサーに入れて、全体がなめらかになるまで攪拌します。最後に味をみて、もう一度塩・こしょうで味を調えます。
器に入れたら好みでひよこ豆を散らし、エクストラバージンオリーブオイルをまわしかけて完成。

＊色にグラデーションをつけたい場合は、はじめビーツを半量加えて攪拌して一部取り出し、次にまた残りのビーツの半量加えて回し……と、3色作ります。

＊プレーンのフムスにしたいときは、ビーツの代わりに水大さじ2～3を加え、好みの硬さに調節を。

＊ビーツは水煮の真空パックが手軽ですが、シーズンなら生のものを茹でても美味しいです。その場合はビーツの茎を切り落とし、丸のまま皮を剥かずに、かぶる程度の水を入れて火にかけます。すっと串が通るまで柔らかくなったら、その鍋のまま触れる程度まで冷ますと、軽くこするだけでツルリと皮が薄くむけてきます。この状態で冷凍も可。

Quick smoked mackerel pate ～簡単スモーク鯖のパテ～ (P119)

1 クリームチーズとクレームフレッシュ各75ｇをフードプロセッサーに入れてなめらかになるまで回します。次にスモーク鯖（しっかり火の通ったもの・骨と皮をとって）180ｇ、レモン果汁小さじ2、レモンの皮のすりおろし½個分、ホースラディッシュ小さじ1（チューブ入り）、ディルまたはパセリ小さじ2（みじん切り）を入れて回し、最後に塩・こしょうで味を調えます（鯖の食感が残るよう、混ぜすぎに注意）。

＊クレームフレッシュをサワークリームに、または全量をクリームチーズに置き換えても美味しく作れます。

＊ホースラディッシュの代わりに酢漬けのケイパー小さじ2でも。

Easy beetroot falafel ～即席ビーツファラフェル～ (P125)

1 水煮ひよこ豆230ｇ、茹でたビーツ120ｇ、にんにく1片、玉ねぎ50ｇ、クミンパウダー・コリアンダーパウダー各小さじ1、生パン粉40ｇ、塩小さじ1/2・黒こしょう少々をフードプロセッサーに入れて回します。全体が混ざったら、なめらかになりすぎる前にストップします（水っぽくなるので攪拌しすぎないようにしましょう）。
12等分して丸めてから、軽く押さえて厚さ2cmくらいに整え、オリーブオイルを多めに敷いたフライパンで両面が固まるまで焼きます。

＊プレーンのファラフェルにするならビーツを除き、パン粉を薄力粉大さじ2に代えて丸めて揚げます。

Coronation chicken ～コロネーションチキン～ (P120.126)

1 マヨネーズ120ｇ、ギリシャヨーグルト大さじ2、チャツネ（市販のものまたはP31参照）大さじ1～2、カレー粉・レモン果汁各小さじ1、塩小さじ1/4・黒こしょう少々、サルタナ（お好みで）少々を全てボールに入れて混ぜ合わせ、茹でた鶏肉200ｇを適当な大きさに裂いて、混ぜ合わせます。

＊鶏肉はひたひたの水と少量のワインか日本酒、月桂樹と共に鍋に入れて、一度沸騰したら灰汁をとり、弱火で中まで火が通るまで加熱。火を止めたら冷めるまでそのまま置いておきます。時間のないときは、市販のプレーンのサラダチキンも使えます。

Galettes and Biscuits
安田真理子 (Mariko Yasuda)

仙台市出身。2007年より宇都宮にてお菓子教室を始める。2008～
2012年はイギリスに場所を移して教室を続け、現在はまた宇都宮で
イギリス菓子教室「Galettes and Biscuits」を主宰。イギリスで学ん
だホームベイキングの美味しさと奥深さ、楽しさと癒しの空気を伝え
ることが趣味であり喜び。
著書に「BRITISH HOME BAKING おうちでつくるイギリス菓子」、「イ
ギリスお菓子百科」(共にソーテック社)、「ジンジャーブレッド 英国
伝統のレシピとヒストリー」(小社刊)。

Galettes and Biscuits (イギリス菓子教室 ガレットアンドビスケット)
http://www.lesgalettes.com

ブックデザイン　　　清水佳子 (smz')
撮影・スタイリング　　安田真理子

材料提供　　中沢乳業株式会社
　　　　　　〒143-0011 東京都大田区大森本町 1-6-1
　　　　　　大森パークビル 6F
　　　　　　Tel: 03-6436-8800
　　　　　　HP：https://www.nakazawa.co.jp
　　　　　　EC サイト：https://nakazawa-eshop.com

British Savoury Baking
イギリスの古くて新しいセイボリーベイキング

発行日　2021年10月5日　第1刷発行

著　　者　　安田真理子
発行者　　清田名人
発行所　　株式会社内外出版社
　　　　　　〒110-8578 東京都台東区東上野 2-1-11
　　　　　　電話　03-5830-0368 (企画販売局)
　　　　　　電話　03-5830-0237 (編集部)
　　　　　　https://www.naigai-p.co.jp/
印刷・製本　　中央精版印刷株式会社

ⓒ Mariko Yasuda 2021　Printed in Japan
ISBN 978-4-86257-563-0　C0077